발아서기

받아쓰기

엄현옥 수필 제7집

수필과비평사

 **책머리에**

바람이 분다.
황혼 무렵이면 가슴 한켠
뚫린 구멍으로 무심한 바람이 드나든다.
계절과 무관하게 가슴이 시리다.
수필은 가슴의 구멍을
언어로 메우기 위한 가내수공업이다.
삶을 이해하고 세상을 통찰하고자 했으나
수공업의 장인이 되는 길은 요원하다.

내 언어의 베틀에 먼지가 앉을세라
직조를 부추긴 여러 문예지의
청탁이 아니었으면 활자화되지 않았을 글로
일곱 번째 수필집을 묶고 보니 새삼 고마움이 인다.
빛나지도 두드러지지도 않은
무던한 것들을 보낸다.
다시, 바람이 분다.

           2017. 여름에
            엄현옥

차례

○ 책머리에 • 4

제1부
갯벌 같아라

내 마음의 곶자왈 • 13
만복이 • 16
사일런스 디스코 • 21
갯벌 같아라 • 25
신도림 중창단 • 28
돈세탁 상식 • 32
무등의 안개 • 36
존 레논과 송대관 • 39
리바이벌 청춘 • 43
옥수수와 두 여인 • 47
겨우 졌다 • 50
다시, 폐사지에서 • 53

제2부
열차가 달려온다

59 • 나의 '오리엔트'
63 • 별명 연대기
69 • 내 인생의 스포일러
73 • 비탈길 의자
76 • 이상한 기적의 아침
82 • 할머니의 차표
85 • 좋은 나이
89 • 열차가 달려온다
92 • 내 사랑 다이어리
96 • 천막 극장
100 • 생활의 달인
105 • 감정의 수납방식

제3부

서쪽 하늘

서쪽 하늘 • 109

만선의 추억 • 114

감정 과잉의 시대 • 118

식물의 기다림 • 122

비 내리는 날의 박석 • 125

기록의 반전 • 129

부녀회의 솔로몬 • 133

공사는 보류 중 • 138

실명失名의 시대 • 142

대한민국 청춘 예찬 • 146

나, 조선으로 돌아갈래 • 150

봄날의 진경 • 154

제4부
받아쓰기

161 • 안단테로 걷는다
166 • 소금이 올 때까지
170 • 받아쓰기
174 • 나의 표절기
179 • 나는 퇴고한다, 고로 존재한다
183 • 그런 수필이었으면
187 • 화장실 앞에서
191 • 비상구는 없었다
196 • 폭염 속의 질주
200 • 광화문 그 사내

제5부
망자亡者로 사는 것의 어려움

온천결의溫泉決意는 간데없고 • 207

바다의 언어 • 211

'모스타르'의 북소리 • 215

특가 이벤트 • 219

가마우지의 밥벌이 • 223

황산黃山의 시지프스 • 230

나의 이니스프리, 장흥 • 233

호텔 열전 • 237

바람도 경전을 읽었다 • 241

망자亡者로 사는 것의 어려움 • 245

제1부

갯벌 같아라

내 마음의 곶자왈

한라생태공원은 관람객의 빠른 보행을 경계했다. 숲이 허락하는 느린 속도로만 만날 수 있었다. 는개가 주둔한 숲은 속살을 내보이지 않았다. 인간의 보행은 몸이 기억하는 오래된 습관이었기에, 흐린 시야임에도 걷기에는 그만이었다. 발길은 숲으로 숲으로 이어졌다. 노랑, 빨강… 앞선 일행의 원색 우비는 날씨에 맞춤한 길라잡이였다.

한 시간 남짓 걸었을까. 안개가 서서히 걷히자 숲이 민낯을 드러내기 시작했다. 그제서야 쏘옥 고개를 내민 고사리가 보였다. 자신의 '고요가 도망갈세라' 우리 쪽으로는 고개조차 돌리지 않았다. 촉수를 오므린 그것들은 등을 보인 채 서로 적당한 거리를 두고 앉아 있었다. 야생초들은 꽃을 피우지 않아도 결코 초라하지 않았다. 길손에게 무관심한 그들이야말로 숲의 주인이었다. 물기를 머금은 5월은 최상의 초록빛을 발산했다.

산책로 왼편에 깊게 파인 '곶자왈'이 보였다. 숲을 의미하는 '곶'과 수풀이 우거진 곳을 뜻하는 '자왈'을 합쳐 만든 제주 고유어였다. '곶자왈'이라는 어휘에 대한 나의 느낌은, '난데없이 튀어나온 그 무엇'이었는데 예상과 크게 다르지 않았다. 이름대로 웅덩이처럼 깊게 파인 그곳에는 다양한 수목과 덩굴식물이 우거져 있었다. 화산 분출로 솟구친 용암이 굳어버린, 제주에서 볼 수 있는 기이한 지형이었다.

'곶자왈'이 보온과 보습이 뛰어난 이유는 폭우에도 빗물을 토해내지 않고 흠뻑 머금기 때문이었다. 열대와 한대식물이 공생하는 그곳에는 줄기를 잔가시로 무장한 가시딸기, 빨간 열매를 야무지게 매단 천냥금과 개가시나무가 지천이었다. 애초에 암반이었을 돌맹이도 함께였다. 움푹 파인 숲에는 땅 깊은 곳에서 은신했다가 천지개벽을 치르고 빛을 보게 된 것들이 자기만의 세상을 이루고 있었다. 희귀식물을 품은 '곶자왈'은 생태계의 보고였다.

가끔은 내가 아닌 나를 꿈꾼다. 내게도 지각변동이 일어난다면, 긴 시간 견뎌온 지층의 아득한 곳에서 견고한 상식과 가치의 지각판이 먼저 부딪치리라. 순간 나를 지탱하던 모든 세포들은 흩어지고, 학습으로 억압된 정서는 화산으로 폭발되어 각혈과 함께 치솟아 오르겠지. 지층의 암반 균열을 시작으로 심연 깊은 곳에 자리한 앙금이 굉음과 함께 솟구치리라. 수목과 돌맹이들이 어우러진 내 마음의 자연림은 열대와 한대가 어우러져 한바탕 교란을 일으켜도 좋으리.

한바탕 의식의 쓰나미가 휩쓸고 지나가면, 고장난 회로처럼 얽히고 설킨 내 기억들은 낙반사고의 후유증을 호소할 것이다. 전복당한 자의식은 수습 시기를 놓친 채, 폭풍 후의 고요 속에서 비로소 몰락을 경험하리라. 희망과 절망, 그리움과 증오는 몸을 섞고 기존의 것들과 섞이지 못했던 지형도 어우러지겠지. 열전의 시기가 지나면 언제 그랬냐는 듯 평화로운 공존의 시대로 돌입하지 않을까.

그때쯤이면 내 마음의 곶자왈도 온갖 식물로 신천지를 구가하겠지. 기름진 토양에서 사유의 춘추전국시대를 구가할 수 있다면 더 이상 바람은 없겠다. 그때쯤이면 비로소 허파는 겉과 속이 뒤집힌 새로운 숲에서 심호흡을 시작하겠지. 내가 가늠할 수 없는 나로 태어나 새로운 연대기를 쓰기 시작할 것이다.

곶자왈, 깊은 곳에서 흙의 숨소리가 들렸다. 나도 덩달아 날숨과 들숨을 느리게, 그러나 깊게 마신다. 정녕 꿈은 아니다.

만복이

  우연히 지인에게 녀석을 소개받았다. 듬직했다. 외출할 때면 제 편에서 먼저 채비를 끝내고 물끄러미 바라보다가 나의 보폭에 묵묵히 제 몸을 맞추었다. 그렇다고 자신이 한 일을 내세우지 않았으니 근거 없는 신뢰감마저 들었다. 충직한 녀석을 지인에게 자랑한 적도 있었다. '민재'나 '선우' 같은 세련된 이름보다 '만복萬福'이라는 고전미 물씬 풍기는 이름을 하사했다.
  '만복'이라 명명한 만보기萬步機는 구글플레이가 제공한 단순한 어플이 아니었다. 녀석이 보여준 보행 기록으로 인해 건강해지리라는 확신마저 들었다. 잡다한 움직임을 멈춘 휴일이면 소파에 나른하게 누운 채 '0'을 보여주었다. 평일에는 직장에서의 잦은 움직임도 놓치지 않고 발걸음을 헤아렸다. 건강 파트너인 만복이를 몸에 지닐 때라야 가능한 일이었다.

　만복이의 능력은 무궁무진했다. 발자국 모양의 어플을 터치하면 걸었던 숫자와 칼로리 소모량은 물론 몇 가지 픽토그램으로 추가 정보를 제시했다. 걸었던 구간이 m로 환산되었고 시간과 속도까지 알려주니 신천지였다.

　그날은 지하철 의자에 앉아 웹서핑 중이었다. 몇 보를 걸었는지 확인하기 위해 파란 사각의 액정에 찍힌 만복이를 슬쩍 터치했다. 녀석은 정차 후 출발하는 순간의 큰 움직임에 숫자를 더해갔다. 나의 놀라움과 눈총을 의식해서인지 주춤했으나 잽싸게 숫자를 넘겼다. 가만히 앉아 있었을 뿐인데 20걸음 정도 더해졌다. 목적지에 도착하여 움직임을 멈추자 시치미를 뚝 떼고 잠잠해졌다. 내 눈을 의심했다. 그 후 버스에 앉아서도 유심히 살펴보니 나름의 규칙이 있는 모양이었다. 미미한 움직임에는 작동하지 않다가 비포장 도로 주행만큼의 덜컹거림은 예외 없이 발걸음으로 간주했다. 커브를 돌 때나 크게 흔들릴 때면 몇 초를 잠시 숨죽이다가 작동했다. 사람이 걷기 시작하면 한두 걸음에서 멈추지 않는다는 사실까지 입력된 모양이었다.

　만복이가 눈금을 속였다. 놀라움을 감추지 못한 내 표정에 커닝하다 발각된 학생처럼 멋쩍어하는 기색이 역력했다. 굳이 나의 보행 기록을 조작할 필요가 있었을까. 허탈했다. 그동안 지하철로 이동했던 일부 구간이 호주머니 안에서 운동량으로 환산되었다. 나는 숫자만을

믿고 '오늘은 육천 보를 걸었네, 만 보를 찍었네.' 하며 흡족해 하지 않았던가. 배신감마저 들었다,

　기기를 상대로 투정할 일은 아니었다. 만복이는 걷는 기회가 부족한 현대인의 운동 촉진을 위해 개발된 인간이 만든 기기였다. 융통성이 없으니 상황에 따른 판단력을 기대할 일도 아니었다. 저를 유산소 운동의 트레이너로 임명한 적도 없었다. 만복이는 나의 보행 습관을 시뮬레이션으로 분석한 적도 없으며, 내가 백여 개의 근육을 사용하여 몇 kg의 하중을 견디며 걷는지 몰랐다. 하늘공원의 억새 숲에서 직립보행을 하는지, 덜컹거리는 전동차에 앉아 있는지 알 리 없었다. 입력된 프로그램대로 보행에 근접한 움직임에 숫자를 하나씩 올렸을 뿐이다.

　얼마 전 바둑의 신들이 자존심이 건 일전을 벌였다. 인간 대표 이세돌 9단이 상대할 인공지능(AI) 대표 선수는 구글 딥마인드의 인공지능 바둑 시스템 '알파고'였다. 인간을 뛰어넘은 기계의 등장이 미래의 일로 남을지, 기계가 인간을 뛰어넘은 '생각하는 존재'로 기록될지에 대해 세간의 관심이 집중되었다.

　20년 전, 체스도 비슷한 판을 벌였다. IBM의 슈퍼컴퓨터에 패한 카스파로프는 "기계는 안주하지도 않고, 걱정하지도, 지치지도 않는다."며 당시의 압박감을 토로했다.

　바둑은 체스와 다르다. 체스는 말을 움직이는 방법이 정해져 있지만, 바둑은 헤아릴 수 없이 다양한 경우의 수에 대처할 사고력과 문제해

결력이 있어야 한다. 상대편의 돌을 들어내거나 집을 만들고, 죽었다가 살아나기도 하니 예측 불가다. 쥐어짤 머리가 없는 인공지능이 가려운 데 긁어주듯 속속들이 상황에 대처하기는 쉽지 않으려니 짐작했다. "질 자신이 없다."던 이세돌 기사의 애교 섞인 자신감은 얼마나 미더웠던가. 그의 자신감에 나도 덩달아 바둑 고유의 아우라를 믿기로 했다.

예상은 빗나갔다. 무표정한 '알파고'는 완벽에 가깝게 준비되어 있었다. 인공신경망을 통한 치밀한 기보 분석력과 수 읽기로 승리를 꿰찼다. 이세돌과 동족인 인간이 만든 프로그램에 인간이 패배한 것이다. 감정적인 시선을 거둔다면 대국은 '인간 대 기계'가 아닌 '인간 대 인간'의 대결이었으니 굳이 인간이 졌다고 생각할 이유는 없다. 그러나 과학 기술의 발전이 가져올 다양한 사회 진보를 가늠하는 일이 즐겁지만은 않다. 인공지능 개발에 천문학적인 투자를 하면서 그에 따른 자본 집중과 대량 실업 등의 문제점을 본격 연구한다는 소식을 듣지 못했다. 이처럼 곤란한 문제점의 논의는 언제까지 유보될 것인가.

일본에서는 인공지능이 쓴 소설이 '호시 신이치' 문학상 예심을 통과했다. 그 작품은 연구자가 미리 짜놓은 기본 스토리에 인공지능이 단어와 형용사 등을 조합해 문장을 만든 소설이다. 2년 후에는 인간의 개입없이 소설을 쓰게 된다니 문학이 인간만의 고유 정서를 바탕으로 한 예술행위라는 사실조차 위태롭기만 하다. 머지않아 노벨 문학상

수상자가 인공지능으로 밝혀졌다는 스웨덴 한림원의 보도가 우리를 덮칠지도 모를 일, 그날은 오지 않아도 좋으리라.

   이쯤 되니 알파고와 혈족 관계인 만복이의 완벽하지 못한 기능이 기껍다. 첨단 기기가 인간을 지배하는 괴물이 되기보다는 충직한 동반자에 머물렀으면 좋겠다. 지금처럼 만복이에게 눈총을 보내며 2% 부족한 기능을 탓하는 재미를 잃고 싶지 않다. 그깟 200보쯤은 허수로 치면 될 일이다. 완벽하지 못한 만복이를 상대로 한 투정이야말로 인간으로서 마땅히 누릴 즐거움이 아닌가.

사일런스 디스코

　지난가을 오후 남산 한옥마을에 갔을 때였다. 살랑대는 바람을 가르며 백여 명 남짓한 젊은이들이 격렬하게 몸을 흔들고 있었다. 주변의 시선 따위는 아랑곳하지 않은 몸짓이었다. 가까이 가보니 음악 소리가 들리지 않았다. 음 소거된 동영상을 보는 기분이었다. 그들의 헤드폰에 매달린 색색의 풍선이 나풀거렸다. 부분 가면을 쓴 사람도 있었다. 자신만의 음악에 맞춘 몸짓은 자유로웠다. 개구리처럼 점프하거나, 제자리에서 발을 동동 구르는 사람도 있는 걸 보면 춤깨나 추는 사람들만의 놀이는 아닌 모양이었다.
　석양은 그들의 열정에 백기를 들었는지 빠르게 사라지고 그 자리에 어둠이 내려앉았다. 춤판은 춤판인데 구경꾼인 나는 그들과 동참

할 수 없었다. 행인들도 나처럼 의아한 눈길로 바라보았으나 자리를 뜨지는 않았다. 흥을 나눌 수 없는 야릇한 흥겨움이 감돌았다.

말로만 듣던 소리 없는 춤판, 사일런스 디스코(Silent Disco)였다. 누구나 커피 한 잔 정도의 참가비에 신분증을 맡기면 헤드폰이나 야광 팔찌 등을 받고 합류할 수 있다. 스피커에서 음악이 나오는 클럽과는 달리 DJ가 믹싱한 음악을 들으며 춤을 추었다. 이제는 보편화되어 홍대 앞 예술공원, 북촌과 삼청동에서도 흔히 볼 수 있는 광경이다. 실내를 벗어나 담배 연기 없는 넓은 하늘을 보고 밤새워 춤을 추기도 한다. 그들의 공간 탈출은 성공적으로 보였다.

사일런스 디스코는 언제부턴가 세대를 아우르는 대안문화로 자리 잡았다. 헤드폰을 쓴 사람에게만 노래가 들리므로 구경꾼에겐 음악 없이 춤추는 것으로 보인다. 소리가 없으니 시간과 장소를 개의치 않는다. 춤을 추는 사람들은 제약없이 즐기고, 구경꾼에게도 색다른 경험이었다.

그와 비슷한 '플래시 몹(flash mob)'이 있다. 불특정 다수가 SNS를 통해 정해진 시간에 집결한 뒤 지시에 따른 행동을 하고 순식간에 사라지는 것을 말한다. 촛불시위를 하거나 '독도는 우리 땅'과 같은 노래에 맞추어 같은 동작의 율동을 하고 일시에 자리를 뜨기도 한다. 그것은 혼자놀이에 익숙한 네티즌들이 고안한 새로운 종류의 유희로 유튜브에서도 쉽게 볼 수 있다.

경주박물관 전시장에서 보았던 주령구가 떠오른다. 주령구는 1975년

안압지에서 발굴된 다면체 주사위로 일종의 복불복 게임도구다. 거기에 새겨진 벌칙이 재미있다. 다소 황당한 14가지의 미션 중에는 '소리없이 춤추기(금성작무, 禁聲作舞)'도 있는데, 그것을 벌칙으로 여길 만큼 쉽지 않다는 뜻이리라. 음악이 들리는 듯 상상하며 춤을 추었을 것이고, 그렇다면 사일런스 디스코에 매료된 오늘의 젊은이들보다 끼와 신명이 못하지 않았을 것 같다.

안압지의 정자에서 주사위를 던지며 난감한 벌칙으로 풍류를 즐겼던 신라인들을 상상해 본다. 주령구를 즐기던 선인들은 변형된 '사일런스 디스코' 창시자요, 오늘의 젊은이들은 조상의 놀이정신을 되살린 기특한 후손이 아닐까. 놀이 지향 본능은 시대와 신분을 불문하는 공통된 정서이리라.

삼십여 분이 지났다. 그들의 동작이 심상치 않았다. 음악이 바뀌었는지 옆 사람의 어깨에 양손을 올리며 한 줄 기차놀이를 시작했다. 나는 그들의 귀에 담긴 음악이 갑자기 궁금해졌다. 이어서 강강술래 대형으로 원을 만든 것은 순간이었다. 그들은 안으로 모여들었다가 다시 큰 원을 만들었다. 방향을 바꾸어 돌기를 몇 번, 강강술래가 끝났는지 다시 기차놀이로 이어졌다. 내 마음은 이미 그들에게 양손을 맡기고 광장을 돌고 있었다.

사일런스 디스코에 참여했던 사람들은 특별한 경험을 잊지 못하리라. 우리들끼리 통한다는 공통체 의식은 후반부에 이르러서는 속칭 '떼창'이라 불리는 합창으로 인해 일방소통에서 상호 소통으로 전이되는 값진 경험을 했을 것이다. 그들은 하나라는 공동체의식을 공유하기 위해 저렇듯 춤판을 벌이는 것일까.

 그들뿐이랴. 세대를 막론하고 현대를 사는 사람들에겐 돌파구가 필요하다. 이런 난장 한 판 없다면 이 난감한 시절을 어이 견디랴. '사일런트 디스코'는 당신의 발칙한 일탈을 기꺼이 도와줄 것이다.

 불통마저 소통양식이 되어버린 세태다. 이 시대의 리더들은 자신의 귓전에 들리는 소리에만 귀 기울이고 쓴 소리를 귀담아듣지 않는다. 집단 이익을 위해 자신에게 유리한 소리만을 골라 듣는 각 계의 리더들은 헤드폰이라도 썼는지 그들만의 음악 감상에 열중이다.

 소통의 부재는 고립을 부른다. 쓴소리를 거부한 리더는 치우친 판단을 내리기 쉽다. 그 결과는 돌이킬 수 없는 사태를 야기한다.

 강강술래나 기차놀이가 필요한 그들에게도 권하고 싶다, 사일런스 디스코.

갯벌 같아라

　점심 시간을 이용해 산책을 나섰다. 가까운 소래 생태공원이다. 물빛 공원에서 시작되는 산책로에는 해당화가 뙤약볕을 견디고 있었다. 바닷물을 조절하는 수문에 이르면 고약한 냄새가 배회했다. 지척에 고층 아파트를 세우고 산책로를 조성하느라 인위적으로 물길을 바꾸어서다. 한시적으로 갇혔던 갯물은 수문이 열리면 갯벌을 휘저으며 낮은 곳으로 내달렸다.
　그곳을 지나면 습지다. 습지는 이름뿐, 바다였음을 망각하고 마른 땅으로 단단해지는 중이었다. 산책로에는 오래전 염전 바닥에서 소금물을 증발시키는 데 한 몫을 했던 검은 타일 조각들이 드문드문 박혀 그곳이 염전이었음을 말해 주었다.

초록 옷으로 갈아입기에 정신이 팔린 갈대는 침묵을 견디다가도 바람의 기척에 온몸으로 응답했다. 바람결에 몸을 맡긴 채 시름없이 하늘거리며 바람과 내통했다. 인간만이 소통하는 것은 아니었다.

갯벌만큼 창의적인 지형도 드물다. 바다가 빠져나간 자리는 매번 다른 모습이다. 갯벌이 의기투합하면 계곡을 만들고 없던 물길을 내기도 한다. 갯벌은 조업을 멈춘 고깃배가 전성기를 회상하고 싶다면 기꺼이 폐선의 배경이 되어준다. 갯벌의 내막을 거슬러 오르려면 한반도의 흔적과도 맞먹는 오천 년이라는 시간을 불러와야 한다. 그동안 발견된 선사시대의 폐총들은 우리 조상들이 갯벌에서 먹거리를 구했다는 증거다.

갯벌은 거센 비바람이 덮쳐도 눈을 질끈 감고 온몸으로 견딘다. 돌아오지 않은 바다를 체념하며 가슴이 쩍쩍 갈라지는 고통 속에서도 침묵한다. 그 침묵 속에서 남은 염기를 내 주고 마른 몸으로 식물을 품는다. 나문재나 해홍나물, 칠면초 등의 염생식물은 갯벌이 아니고서야 키워낼 수 있으랴.

물 썬 후 개흙을 뒤집어쓴 돌멩이가 나뒹구는 갯벌은 폐광을 연상시킨다. 민낯을 드러내기가 민망하다는 듯 갯벌은 어느 틈에 생명체를 불러들인다. 물방울이 뽀글뽀글 올라오는 숨구멍에 낙지를 숨기고 게와 갯강구가 들락거린다. 수만 마리 철새들의 간이역에는 도요새가 머문다. 숨탄것들이 분주한 갯벌에는 이끼가 끼지 않는다.

바다가 갯벌에게 우월감을 갖는다면 오산이다. 흰 이빨을 드러내며

들이닥치는 무례한 바다는, 식물 한 포기 건사하지 못한다, 채송화 한 송이 피워낼 수 없고 외로운 사람이 홀로 걸을 수 있는 길 한 자락 내지 못한다. 갯벌은 바다가 불안한 연인처럼 수시로 길을 나설 때면 반복되는 인내심으로 바다를 기다린다.

 육지와 바다의 완충지대에 자리한 갯벌의 미덕은 뛰어난 정화력이다. 인간이 배출한 온갖 오염물질을 걸러내는 과묵한 청소부인 갯벌이 지저분할 것이라는 선입견은 거두어야 하리.

 높은 생산력과 정화능력으로 안정된 생태계 유지에 기여하는 갯벌이 점점 사라지고 있다. 우리는 일찍이 부족한 농토의 서러움을 많이 겪어서일까. 한 평의 땅이 소중했던 선대의 의식은 일제강점기를 거치면서 많은 갯벌이 훼손되었다. 예전 같으면 엄두도 나지 않았을 엄청난 방조제가 그 규모를 자랑하고 있으나 자연 훼손의 과오는 큰 부끄러움으로 남을 것이다.

 도시 개발로 갯벌이 사라지고 있다. 더 이상은 버티지 못하고 쓰러져 버린 소금창고를 보듬고 있는 갯벌을 본다. 갯벌의 흡인력은 한번 발을 내디디면 결코 빠져나오지 못하게 한다. 삶은 속도가 버겁다고 이탈하거나 쉽사리 발뺌할 수 없다. 갯벌의 점성粘性은 인연을 소홀히 여기지 않은 사람의 심성이다. 한번 마음을 나누면 쉽사리 헤어 나오지 못하는 관계의 속성을 닮았다. 사람도 그만 하기가 그리 쉬운가. 바라건대 갯벌만 같기를.

신도림 중창단

    1984년 지인의 소개로 듀엣이 결성되었다. 멤버는 29세의 남자와 27세의 여자였다. 남자는 테너를 맡았고 여자는 소프라노를 담당했다.
    초기 그들의 이중창은 조화를 이루지 못했다. 사전 오디션을 거치지 않았기에 음역에서 이탈되었으며, 각자의 일을 가진 터라 충분한 연습도 없었다. 테너가 바리톤의 음색을 내거나, 소프라노는 알토에 가까운 낮은 음을 낸 적도 있었다. 그들은 환상의 콤비가 아니었다. 그렇다고 불협화음이 외부로 새어나간 적은 없었으니, 비교적 무난한 조합이라고들 했다.
    듀엣의 이동 수단은 삼천리표 자전거였다. 여자는 자전거의 뒷자리에 앉아 단장의 허리를 붙잡고 읍내를 누볐다. 그들은 주말이면 수습 단원 시절 갖지 못한 여유를 마음껏 누렸다. 계절 따라 여행을 떠나는 것도 당시의 주요 사업이었다.

  3년 후 그들은 멤버를 보강하여 트리오가 되었다. 새로운 멤버 영입을 간절히 바랐지만 처음 겪는 일이어서 좌충우돌했다. 신입은 팀에 대한 사전 정보를 접하지 못했다는 듯 똘망똘망한 눈망울로 쳐다보곤 했다. 듀엣은 그런 신입과 눈을 맞추는 것만으로도 행복했으며, 장차 바리톤의 역할을 원만하게 해주리라는 기대를 가졌다. 신입은 옹알이를 시작으로 제 소리만 내기 시작했으므로, 듀엣은 그에게 많은 것을 맞추어 갔다. 그들은 조화를 위해서는 먼저 상대의 소리를 들어야 한다는 것도 알게 되었다.

  그로부터 2년이 지나자 또 한 명의 여성 멤버를 충원하였다. 비로소 성비性比의 조화를 이룬, 듀엣 시절부터의 꿈이었던 중창단重唱團으로 발전한 것이다. 트리오의 멤버였던 세 살짜리 단원은 신입에 대한 텃세를 노골적으로 드러냈다. 곤히 잠든 신입의 얼굴에 이불을 덮거나, 고층 베란다에서 신입의 놀이 도구를 던져버린 적도 있었다. 겨우 뗀 자신의 우유병을 다시 물기 시작했고 1인용 유모차에 동승하는 바람에 유모차는 정원 초과 운행을 일삼았다. 마지막 영입 단원의 신고식은 그렇듯 고되었으나, 정작 당사자들은 기억하지 못했다.

  해를 거듭할수록 남매 단원도 나름대로의 멤버십을 터득하게 되었다. 몇 곡 안 되는 레퍼터리와 기교 없는 담백한 음색만으로도 중창단은 원만한 화음을 낼 수 있었다. 악상 기호에 주의를 기울였고 자신의 발성이 다른 성부와 조화를 이루는 방법도 은연중 익히게 되었다. 중창으로 부르다 독창이 필요할 때면 그의 음이 돋보이도록 서로의 모탕이 되어주기를 즐겨했다.

어느덧 창단 30주년이 다가왔다. 세월을 입어가면서 초기의 결속력은 점차 약화되었다. 그들은 세상을 향한 다른 창慈을 갖게 되었고, 같은 팀이라는 이유만으로 그들을 묶어놓을 수 없었다. 각자 바라보는 세상은 현란했으며 다양한 형태로 그들의 참여를 필요로 했기 때문이다.

창립 멤버였던 단장과 여자는 자신의 일을 향한 발걸음을 멈추지 않았다. 군복무를 마친 3번 단원은 사회에 첫 발을 내딛기 위한 준비 중이며, 4번 단원은 전공과 관련된 영화 홍보 업무를 하고 있다. 그들의 밤은 낮보다 분주하여 함께 화음을 고를 시간을 갖지 못한다. 각자 제 음색을 내며 자신의 소리만 들을 뿐이다. 이제는 식탁에 앉아 서로 마주보며 느긋하게 식사를 하는 일조차 드물다. 동반여행은 물론 생일에 함께 모여 촛불을 켜지 못할 때도 있다. 가족이 식구라는 어휘와 동일시된다면 가족 해체의 위기에 놓인 것은 아닌지 의심스러울 정도다.

이제 단원들은 묵음의 화음을 노래하며 서로에게 조용한 나침반이 되어준다. 단장도 리더의 역할을 잊은 듯 최근에는 적극적인 중창 지도를 하지 않는다. 각자의 음역이 조화를 이룰 때까지 연습할 기회를 갖지 못해 신곡 연습은 엄두도 내지 못한다. 악보가 없으니 지켜야

할 악상기호도 알지 못하고, 자신의 음에 충실할 뿐이다. 그렇다고 내 소리만을 주장하거나 상대의 음색을 무시하는 일은 없다. 그들이 화음을 통한 적극적 소통을 포기했다고 하모니에 대한 꿈마저 버린 것은 아니다. 더러는 갈등으로 불협화음을 빚을지라도 멈추거나 포기할 수 없다. 언젠가는 연주의 피날레를 멋지게 마무리할 날도 오겠지.

그동안 보금자리를 몇 번 옮겨야 했던 단원들은 현재 서울 신도림을 거점으로 활동 중이다. 앞으로 그들의 활동이 어떻게 전개될지는 알 수 없다. 내일은 불확실하지만 오늘에 충실할 뿐이다. 청년기의 단원들은 장차 각자의 중창단을 꾸릴 것이고 삶이 지속되듯 연주는 이어질 것이다.

언젠가 바리톤과 알토가 제 갈 길을 가면 남자와 여자는 듀엣으로 남으리라. 그들은 지금껏 그럴듯한 화음을 추구했으나 완벽한 조화에 이르지 못했다. 앞으로도 성량이 예전 같지 않음을 핑계로 음 이탈을 일삼을 것이다. 그때쯤이면 불협화음조차도 화음으로 여겨지지 않을까.

돈세탁 상식

 견디기 힘든 소음이었다. 녀석은 세상의 모든 고통을 안고 물속에서 덜덜거렸다. 탈수 때면 통증으로 몸을 쥐어짜며 비명을 지르기 일쑤였다. 두어 번 서비스를 받기도 했다. 서비스 기사가 다녀가면 쓸 만했으나, 며칠 후 고질병은 재발했다. 참을 만큼 참았다. 십년지기와의 작별을 서두르기로 했다.
 새로 들인 세탁기는 몸체부터 듬직했다. 빛나는 회색빛 사각면체에 뚜껑이 유리여서 세탁조가 훤히 보였다. 탈수 시에도 미미한 기계음만 들렸다. '소리 없이' 강한 녀석이었다. 뚜껑에는 손바닥만 한 스티커가 붙어있었다. 고딕체로 번쩍거리는 스티커의 제목은 '세탁상식'이었다. '세'라는 글자 앞에 심플하게 도안한 티셔츠와 물결무늬가 그려져 있어,

'돈'의 상형 문자처럼 보였다.

  그로 인해 '세탁상식'은 '돈세탁 상식'으로 읽혔다. 금융실명제라는 신선한 제도가 실시된 후 나와 같은 서민에게도 돈세탁이라는 말이 낯설지 않다. 정치자금이나 뇌물 관련 사건이 불거질 때면 뉴스에 회자되는 내용이기 때문이리라. 세탁 상식을 돈세탁 상식으로 바꾸어 보았다.

세탁기에 붙은 원문	내가 수정한 문구
세탁 상식 - 깔끔한 세탁을 위해 참고하세요	돈세탁 상식 - 안전한 돈세탁을 위해 참고하세요
1. 고장이 의심되는 경우 서비스 신청을 하기 전, 설명서를 자세히 읽어보세요.	1. 세탁할 돈을 도피시키기 전, 전문 변호사에게 조언을 구하세요.
2. 먼지가 많이 생기는 수건 등은 따로 모아서 세탁하세요.	2. 뒷탈이 우려되는 돈은 골동품이나 미술품 등으로 바꾸세요.
3. 흰 의류는 검은 의류 또는 컬러 의류와 분리하여 세탁하세요.	3. 수표는 추적이 용이하니 현금과 분리하여 별도의 안전한 절차로 세탁하세요.
4. 세제는 적당량을 세제통에 넣어 주세요.	4. 현금 운반시에는 오만원 권으로 사과상자에 넣고, 수수료는 증거가 남지 않도록 현찰로 준비하여 직접 전달하세요.

5. 속옷, 얇은 옷은 '안심' 코스를 선택하세요.	5. 지인이나 노숙자 명의의 차명 계좌를 개설하고, 출국금지 조치 전, 재빨리 출국하세요.
6. 청바지, 점퍼는 '강력 물살'로 선택하세요.	6. 차명으로 해외 고가 주택을 매입하여 차후 은신처로 이용하세요.
7. 세탁통 아래의 보플클리너 덕분에 위생적이고 깨끗해요.	7. 감당이 어려운 고액은 고객의 비밀보장을 생명처럼 여기는 안전한 스위스 은행 덕분에 안전해요.

 세탁기를 바꾸고 며칠이 지났으나 여전히 '돈세탁 상식'으로 읽힌다. 요즘 내게 자주 일어나는 오독 증상이다. 유사한 단어나 글자를 볼 때면 착시로 인해 엉뚱하게 읽는 일이 많다. 오독誤讀을 즐기다 보면 '오독, 오독, 오도독…' 씹히는 맛이 의외로 괜찮다. 때론 단순한 오독이 아니라 나의 의도대로 읽는 것이 아닌가 생각된다.

 현대는 세탁의 전성시대다. 학력, 경력은 물론 신분, 미모까지 세탁물이 된다. 몇 년 전 유명 인사들이 학력 위조로 물의를 일으켰다. 부풀리고 미화된 이력에 대해 당사자들은 본의가 아니었다고 했다. 벗겨진 포장은 초라했으며 그들은 많은 것을 잃었다.

 얼마 전, 지인이 제작한 영화를 보았다. '국제판타스틱 영화제 수상, 감성 코믹 SF 연애 판타지'라는 장황한 광고 문구와는 달리 어렵사리 상영관을 잡은 저예산 영화였다. 주인공은 자본과 외모 지상

주의가 판을 치는 세상을 살기엔 너무도 열악한 조건을 지녔다. 그는 소외된 처지를 비관하던 중 우연히 첨단 의학의 힘을 빌려 매력적인 남성으로 변신한다. 짝사랑하던 여성의 마음도 얻었으나, 그녀가 사랑한 것은 그의 아바타였다. 본래의 자신으로 돌아오면 남루한 현실만이 그를 괴롭혔다. 영화는 아바타의 외모로 영구 변신할 기회를 앞에 두고 망설이는 것으로 끝났다. 외모로 자신의 본질을 바꿀 수는 없었으리라.

이제 외모 세탁은 새삼스러운 일도 아니다. 지명수배자나 사기범들은 '페이스 오프'를 통해 수사망을 피해간다. 강력범들이 다른 얼굴로 거리를 활보한다 하여 다른 사람일 수 없듯 세탁이 본모습을 바꿀 수는 없다. 교묘한 절차로 세탁된 돈 역시 깨끗한 돈으로 거듭나기는 어렵다.

돈세탁 상식 스티커에 빠트린 내용이 있다.

```
- 많은 것을 움켜쥐려다 모든 것을 잃을 수 있어요.
- 사랑하는 가족은 면회실에서 만날 각오를 하세요.
```

무등의 안개

　수직의 나무 팻말이 드문드문 나타났다. 산길을 따라 자리 잡은 조릿대의 초록이 윤기를 더했다. 급경사는 아니었으나 꾸준한 오르막이었다. 팻말의 숫자가 '무등산 옛길' 27, 34를 스치고 40에 이르자 거짓말처럼 '서석대'가 나타났다. 깔딱고개나 너덜지대와는 다른 등산로인 것이 다행이었다. 오르막은 끝났다. 그래, 모든 일에는 끝이 있는 법이지.
　서석대와 입석대를 병풍처럼 두르고 발아래 펼쳐질 정경을 기대하며 오른 길이었다. 정상에 오르면 한국의 '스톤헨지'를 만나게 될 것이라고. 해발 1,100m 산정에서 뜬금없는 주상절리가 웅장하게 버티고, 정상에서 보기 드문 평원이 펼쳐지리라고, 때가 가을이라면 백마능선에서 바람 따라 시름없이 펼쳐지는 억새의 춤사위를 볼 수 있을

테니 그때 다시 오자고…. 초행인 친구에게 찬사를 늘어놓지 않았던가. 간밤 저녁 일정도 마다한 채 잠자리에 들어 이 새벽을 얼마나 기다려 왔던가. 서울 주변의 악산嶽山에 기가 눌린 나는 토산土山의 품에 안기고 싶었다.

그런데 안개라니. 그곳엔 나보다 먼저 올라온 안개가 주둔하고 있었다. 사단 병력이었다. 밤샘 행군이라도 한 것일까. 너른 벌판이 우유 빛으로 수런거렸다. 무등의 안개는 초목에서도 바위에서도 소리 없이 피어올라 몸을 비볐다. 내 몸도 삼투 작용을 하는지 안개 입자가 얼굴이며, 목덜미로 파고들었다. 그것들을 휘이휘이 내치다가 지쳐 나도 안개가 되어버렸다.

서석대에서 정면 대결한 안개에는 김승옥과 기형도의 문장이 담겨 있었다. 더 이상 안개에 대한 수사를 늘어놓을 생각은 하지 말라며 은근히 협박했다. 나는 단번에 굴복해버렸다. '내 것이 아닌 열망'이 탐난다 하여 그것들을 따라잡을 수사가 가능키나 한 일이던가.

안개는 가히 무등의 특산품이었다. 시야를 가린 안개로 나는 세상과 잠시 단절되었다. 내가 어떤 경로를 통해 그곳에 이르렀는지, 왜 그 시간에 안개 속에 서 있는지조차 잊었다. 그 아침 짙은 안개 속에서 억새가 넘실댔다. 환영이었다. 지금 그것이 단숨에 걷힌다면 초록 물결이 뒤덮였겠지.

나는 정상석의 글자만은 지키려는 마음에 손사래로 안개를 몰아냈다. 의연한 초서체로 쓰인 '서석대瑞石臺'가 얼굴을 드러내며 '상서로운 돌임을 상기시켰다. 견줄 만한 상대가 없어 등급을 매기지 못해 무등無等이라지. 중생대 백악기, 화산 폭발의 흔적이라는 주상절리는 하늘을 향해 치솟았다. 화산분출 시 가늠할 수 없는 열기로 지형을 뒤엎더니 이제는 거대한 돌기둥이 되어 침묵한다. 의병장 고경명 장군은 그의 산행기에서 '네 모퉁이를 반듯하게 깎고 갈아 층층이 쌓아올린 것이 석수장이가 먹줄을 튕겨 다듬어서 포갠 모양이라고 묘사했던가.

내 속에서도 간헐적으로 화산이 폭발한다. 심해어처럼 바닥에 넙죽 엎드렸다가 용암을 내뿜고 떨어져나간 돌덩이들은 너덜지대를 이룬다. 그럴 때면 화산재를 먼 곳까지 날리지 않으려 무진 애를 쓴다.

화산뿐이랴. 숱한 안개 숲에서는 길을 잃곤 한다. 내 의식을 뒤덮은 안개를 헤치며 여기까지 왔다. 그것조차 삶의 과정이었다. 그 길은 예측된 것이기도 하고 갑작스럽게 놓인 길이기도 했으나 언젠가는 걷히기 마련이었다. 삶은 예측을 불허한다. 예측할 수 없다는 것이야말로 삶의 이유가 아닐까. 예측은 생각만큼 유용하지 않다. 하산을 재촉하자 안개도 느리게 행장을 꾸렸다, 어디론가 떠날 모양이었다. 나는 굳이 그의 뒷모습에 연연하지 않았다. 안개 걷힌 산정을 마음속에 남겨두었다. 보고 싶은 정경 하나쯤 안개 속에 간직하고 사는 일도 괜찮은 일이다.

안개는 때가 되면 걷히리라. 삶은 안개가 사라지기를 기다려 걷는 길이 아니라 그 속을 헤치는 과정이 아니던가. 안개보다 먼저 하산하는 길, 발걸음이 가벼웠다.

존 레논과 송대관

 마을버스가 도착했다. 차내는 학생들로 가득 찼다. 신입생의 교복 깃에서 봄이 묻어났다. 또래에 비해 키가 크고 의젓해 보일지라도 신입생은 단번에 알아볼 수 있다. M고등학교 앞 정류장에서 교복들은 주인을 따라 일제히 내렸다.
 녀석들이 내리자 시야가 넉넉해졌다. 서둘러 빈자리에 앉았다. 창밖에서 봄이 수런거렸다. 마른 가지로 겨울바람에 맞서던 척박한 가로수도 봄맞이 채비로 분주했다. 급한 놈은 벌써 연초록 움을 몇 개 매달았다. 마른 줄기의 안간힘이 내게로 왔다. 준비 없이 맞은 환절기는 매번 처음인 듯 새로웠다.
 차내가 한산해지자 운전기사의 뒷모습이 눈에 들어왔다. 어깨까지 찰랑거리는 금발과 룸미러로 보이는 둥근 렌즈의 선글라스가 예사롭지 않았다. 기타 케이스를 둘러매고 홍대입구를 서성거려야 할 분위기였다.

낯설지 않았다. 어디서 본 듯한 남자, 한 시절 나의 우상이었던 '비틀즈'의 멤버 '존 레논(John Lennon)'이었다. 나는 알지만 그는 나를 알 리 없었다. 예리한 콧날과 입술 선이 섬세해 보였다. 오노 요코와 사랑에 빠졌던 30대의 존 레논이 봄날 아침 인천의 만수동에서 마을버스를 몰고 있었다. '렛잇비'만 흘러나온다면 모든 건 완벽하리라.

> When I find myself in times of trouble
> Mother Mary comes to me
> Speaking words of wisdom, let it be
> — The Beatles 〈Let It Be〉 중에서

자신이 방황할 때면 순리를 따르라는 어머니의 이야기를 떠올린다는 노랫말이었다. 후렴구 "Let it be, let it be"의 환청에 귀를 맡겼다. 근래 머릿속에서 엉켜버린 복잡한 생각들도 그대로 두면 해결될 것 같은 근거 없는 믿음조차 생겼다. 어떤 상황일지라도 순리에 맡기는 것이 해답이라니 출근길이 한결 가벼워졌다. 설사 무언가가 잘 풀리지 않는다 해도 내게 책임을 묻진 않을 것 같았다.

내 귀를 차단한 이어폰 밖으로 무슨 노래인가 흐르고 있었다. 존

레논이 운전하는 차내에 퍼지는 노래의 정체가 궁금했다. 이어폰을 뺐다.

차내에 가득 찬 노래는 트로트였다. 의외였다. '존 레논'은 간데없고 '세워어리 약이게엤지요오~'의 고음에 방점을 찍으며 노래는 끝났다.

끝나리라 생각했던 송대관은 계속되었다. 라디오 방송이 아닌 CD 음반인 모양이었다. 이어지는 노래 역시 "오늘 하루 힘들어도 쿵쿵따리 쿵쿵따…."를 부르며 내일을 기약하자는 대책 없는 긍정으로 이어졌다. 유리창에 부딪힌 노랫가락은 승객들의 뒷모습을 가볍게 스치고 버스 바닥까지 약간의 신바람으로 내려앉았다.

선곡과 외모 사이의 괴리감에 잠시 혼란스러웠다. 시야는 존 레논이 점령했으나 청각은 이미 송대관이 장악했다. 동서양을 가로질러 런던의 리버풀과 한반도 서쪽에서 만난 두 남자의 공통점을 찾자면 흐르는 것은 순리에, 시간에 맡기면 된다는 노랫말이었다.

그들의 조합이 어색했던 것은 나의 견고한 선입견이었다. 존레논의 외모로 송대관의 '유행가'를 틀어놓은 상황에 적응하지 못하는 내가 문제였다. 예전 같으면 개인적인 공간도 아닌데 자신의 음악적 취향으로 볼륨을 키워놓은 운전기사를 곱지 않게 보았으리라.

시공을 초월한 반박할 여지없는 진리에 서둘러 굴복했다. 이즈음 나의 공감 능력은 날개를 달았다. 어지간한 상황은 이해되지 않은 경우가 드물다. 때론 주책스럽게 보였던 상황도 입장을 바꾸어 보면 그럴 수 있겠다는 생각이 들었다.

세월 앞에 모든 것은 모래성일 뿐, 순리에 맡기 그만이다. 어려움을 헤쳐 나와 돌아보면 그 자리를 채운 것은 세월이었고 순리였다. 해결되지 않은 일 앞에서 다른 처방전을 찾은 적도 있지만 세월이 덜어내지 못한 아픔은 없었다.

시간은 인간에게만 선물을 주지 않았다. 자연과 사물의 변화에 미치는 영향이야말로 절대적이다. 지난겨울 찾았던 터키 카파도키아의 독특한 지형이 떠오른다. 그곳은 화산에서 분출된 용암이 수백만 년 동안 풍화와 침식으로 외계에 온 듯한 풍광을 연출했다. 삼척의 대금굴에 가보라. 5억 3천만 년의 시간을 뚫고 발견된 동굴에서의 시간은 인간이 가늠할 수 없는 상식 밖의 단위였다. 이산화탄소를 머금은 수분이 탄산칼슘과 침착沈着하여 생긴 종유석은 고작 1㎝ 자라는 데 100여 년이 걸린다.

그런 동굴에서는 느림의 미학을 섣불리 말할 수 없다. 세월이 설마 종유석만을 키웠으랴. 세월은 대상을 구분하지 않고 많은 것들을 변화시킨다.

마을버스가 목적지에 도착할 때까지 존 레논과 송대관의 조화로 차내는 훈훈했다. 버스가 멈추자 먼저 도착한 봄빛 가득한 거리를 향해 걸었다.

리바이벌 청춘

 세월의 덧없음을 아쉬워하는 어르신이 있었다. '동안童顔' 열풍이 나라를 휩쓸고, 내남없이 젊어지기만을 바라던 시절이었다. 그는 파고다 공원에서 벗들과 모여앉아 조지 버나드 쇼의 말을 빌려 "청춘을 청춘에게 주기에는 너무 아깝다."라고 말하기를 일삼았다던가. 그는 평소 자신들이 피땀 흘린 덕분에 이만큼이라도 살게 되었다고 생각했던 터라 젊은이들의 경거망동을 못마땅해 하며, '내가 그 시절에는…'.'을 운운하며 왕년을 과시하곤 했다.
 어느 날 그는 '젊은이에겐 아까운 청춘을 누구에게 줄까?'에 대해 벗들과 의논하게 되었다. 먼저 어린이는 대상에서 제외했다. 청춘이 주는 격랑의 해일이 버거워 자진 반납할 확률이 높을 것이라고 지레 짐작했으며, 무엇보다 녀석들의 일거수일투족을 감시하는 부모의 반대 의사가 만만치 않을 것으로 보았기 때문이다. 마라톤 회의 끝에 자신들이 청년기를 한 번 더 가져보는 것이 좋겠다는 결론에 이르렀다. 청년기를 경험했던 어르신에게 다시 안겨진 청춘을 상상해 보라. 이른바 청춘의 리바이벌!

이에 적극 동조하는 촛불 축제에 예상외의 인파가 광장에 운집했다. 경찰청에서 집회 허용 여부에 대해 분명한 입장을 내놓지 못하는 사이, '노인의 청년화 사업 추진 본부' 발대식은 일사천리로 진행되었다. 본부장은 그의 활약과는 무관하게 상부의 낙하산이었다. 그들이 졸지에 부여잡은 청년기에 대한 낭보를 전하는 과정에서 대다수 어르신도 의기투합했다. 순리에 역행하는 일이라며 거부반응을 보인 일부 유림儒林의 의사는 묵살되고 말았다. 그들의 청춘 사용 계획은 자못 진지했다. 그것의 재사용법에 대한 집단 연수나 워크숍에 열정적으로 참가했다. 시행착오를 줄이기 위한 분임토의에서는 갖가지 대안으로 밤이 깊은 줄도 몰랐다. 그도 그럴 것이 호칭 문제며, 지하철 경로석 존폐 여부 등 사소한 것부터 연금 수령 등 중대 사안까지 그들이 타결해야 할 문제는 산적해 있었다. 노래방에서는 〈청춘을 돌려다오〉나 〈아빠의 청춘〉이 더 이상 불리지 않았다.

호사다마라던가. 청춘을 단체로 접수한 어르신에게 피할 수 없는 문제가 닥쳤다. 일자리였다. 고학력일수록 적당한 일을 찾기가 어려워 동네 정보신문이 불타났으며, 취업 포털사이트 '리크루트'는 서버가

다운되는 날이 많았다. 이전 경력이 단절된 그들이 뒤늦게 소위 '스펙'이라 불리는 것을 장만하기 위한 스트레스가 만만치 않았다.

그러나 '연애'라는 돌파구가 있지 않은가. 그동안 자신의 의지와는 무관하게 노쇠해진 몸과 마음으로 인해 받은 상처를 생각하면 취업난 정도로 좌절할 수 없었다. 청춘이니까…. 그렇지만 연애도 생각만큼 쉽지 않았으니, 이른바 '돈 없이는 연애 못하는 사회'가 되어 있었다.

그들이 하는 일은 많았으나 되는 일이 없었다. 따라서 불확실한 미래에 대한 초조함을, 촌음을 아끼며 밤을 낮 삼은 열정으로 채우곤 했다. 그로 인해 낮과 밤의 경계는 모호해졌다. 급기야 지자체별 소등 시간을 선포했으니 그들의 과잉 열정을 나라에서 관리하지 않으면 안 될 지경에 이르렀다. 또한 사회 전반에 조로早老 현상이 만연했다. 삶의 연륜으로 습득한 나름대로의 매뉴얼로 중용의 도가 몸에 밴 이들이었다. 따라서 자신의 목표가 너무 벅차다 싶으면 미련 없이 줄을 놓곤 했다. 사회가 만들어 놓은 성공에 대한 열망보다 인간다운 삶에 관심이 많은 이들은, 청춘살이의 애환을 글이나 그림으로 표현하기도 했다.

급기야 연로한 청춘들은 비상대책위원회를 소집했다. 부단히 스펙을 쌓고 노력해도 좌절을 거듭할 수밖에 없는 청년 노릇의 어려움을 대외적으로 천명했다. 청춘 반납을 결정하고 이 땅의 고단한 청춘에게 심심한 위로를 표하게 되었다. 이어서 '노년을 돌려다오!'라고 적힌 현수막 행진을 시작으로 노년 회귀를 위한 수순을 밟기 시작했다.

다시 맞게 된 노년기의 혼돈에서 헤어나지 못한 일부 어르신은 낮술로 한탄을 했으나, 결정을 번복할 의사는 없다고 했다.

그들은 자신의 자리가 '꽃자리'였으며 노쇠해진 심신조차 삶에서 당연히 치러야 할 과정임을 인정하게 되었다. 동안을 지향하던 이들도 정신의 원숙기에는 주름조차 훈장으로 여기며 더 이상 인공시술 등에는 관심을 갖지 않게 되었다. 그들이 이렇듯 큰 결정을 내리게 된 동기는, 얼마 전 단체 관람한 영화의 명대사 때문인지도 모른다. 주인공인 노老작가는 자신이 성취할 수 없는 젊음과 욕망에 대해 이렇게 말했다.

"너희 젊음이 너희 노력으로 얻은 상이 아니듯, 내 늙음도 내 잘못으로 받은 벌이 아니다."

어르신들은 세상에 존재하는 많은 것이 소모를 전제로 한다는 것을 비로소 알게 되었다. 더불어 자신이 받은 상은 소진했으며 그에 대한 회한의 무용함을 절감했다.

한편 어르신들의 행동을 유심히 지켜보던 청년들은, 어르신들의 청춘 반납 시기가 예상보다 빠른 것을 알고 당황했으나 서둘러 환영 성명을 발표했다. 그제야 자신들이 처한 시절의 진가를 알고 자칫 잃을 뻔한 청춘의 각종 부가서비스를 점검하는 것을 시작으로 사태 수습에 박차를 가했다.

옥수수와 두 여인

"얼마나 따뜻한지 만져만 봐~. 금방 쪄 온 겨."

그녀가 옥수수 봉지를 무릎에 슬쩍 던졌다. 큰언니처럼 격의 없는 말투와 표정은 겨울 한기를 녹이고 남을 만큼 따뜻했다. 돈 같은 것은 받을 생각도 없어 보였다. 버스 뒷자리까지 다녀온 다음에야 함박 웃으며 한 봉지에 이천 원이라는 말을 살짝 걸쳤다. 즉시 맛보라며 봉지에 담긴 옥수수를 꺼낼 기세였다. 사지 않을 수 없었다.

몇 년 전부터 강남고속터미널 버스 안에서 사시사철 그녀를 만나곤 한다. 처음 웃는 얼굴로 태연하게 버스에 올랐을 땐 아는 얼굴을 내 편에서 기억하지 못하는 줄 알고 당황했다. 그만큼 친숙한 표정 이었다. 삶은 옥수수를 먼저 안겼으나 이른 아침 차내에서 그것을 먹기란 쉬운 일이 아니어서 핸드백 안에서 무릎만 덥히곤 했다.

한번쯤 그녀가 보이지 않으면 허전했다. 아픈 것은 아닌지 궁금하기도 했으나 사실은 옥수수를 억지로 사지 않아도 된다는 홀가분함이 좋았다.

지난 토요일, 지방에서 열리는 행사 참석을 위해 이른 새벽 고속버스에 앉았다. 좌석이 거의 채워질 무렵이었다. 그녀가 환한 웃음을 지으며 날렵하게 차에 올랐다. 이제는 몇 년을 단골로 겪고 보니 그녀의 붙임성에 면역이 되어 식상함을 느끼던 중이었다. 더욱이 그녀의 등장과 함께 차내를 후끈 달구는 열기가 부담스러웠다.

삼복三伏에 뜨거운 옥수수 봉지를 받는 난감한 상황은 피하고 싶었다. 출발 전 문을 연 채로 정차된 차내는 냉방이 제대로 가동되지 않아 새벽이었음에도 무더웠다. 그녀가 내 옆을 스치자 나는 구경거리라도 있는 듯 창밖으로 시선을 고정했다. 장사 수완이 좋은 그녀의 옥수수는 모조리 팔릴 것이므로 내가 염려할 일은 아니었다. 맨 앞자리인지라 그녀의 시야에서 벗어나는 일은 생각처럼 쉽지 않았다.

그때 내 옆 자리에 앉았던 여인이 옥수수 두 개를 천 원에 샀다. 가격은 겨울의 절반이었으나 뜨거운 것이 옆에 온 것만으로도 후텁지근했다. 그녀가 내리자 차는 바로 출발했다.

옆자리의 여인이 봉지에서 커다란 옥수수를 꺼내 내게 건넸다. 산 넘어 산이었다. 새벽이라 뜨거운 수증기로 팽창된 비닐봉지의 팽팽함과 함께 스치는 음식 냄새가 좋지 않았다. 나는 컵 홀더에 꽂힌

아메리카노를 가리키며 괜찮다며 정중히 사양했다. 옥수수보다는 커피를 마시겠다는 나의 의도는 묵살되었다. 주춤하더니 한마디를 곁들였다.

"삼복더위에 새벽부터 저렇게 뜨거운 걸 들고 있을라믄 얼마나 덥겠소? 내가 한 봉지라도 덜어줘야제."

이렇게 된 이상 옥수수를 거절하면 인정머리없는 사람이 되어버릴 분위기였다.

타인의 입장을 공감하고 배려하는 것은 인간 고유의 능력이다. 옥수수 행상 여인의 입장에서 그녀에게 필요한 것이 무엇인지 이해하고 직접적인 도움을 주는 옆자리 여인의 작은 행동은 발달된 공감능력의 산물일까. 눈가의 잔주름이 소리 없이 웃고 있었다.

멋쩍어서 뜨거운 옥수수를 든 채 앉아 창밖만 물끄러미 바라보았다. 버스는 경부고속도로에 진입했다. 전용차로를 만나자 비로소 속도를 내기 시작했다.

겨우 졌다

일요일 버라이어티쇼 무대는 충남 서산의 시골마을이었다. 들판에는 누렇게 넘실대는 벼와 잘 익은 고추가 수확을 부추겼다. 그래서인지 농가의 일손 돕기를 위한 '농활 특집'이었다.

한적한 마을을 배경으로 게임을 시작했다. 흔한 '가위바위보'라는데 PD의 게임 설명이 특이했다. 상대방의 손동작을 먼저 보고 지는 사람이 승자가 되고 이기면 패자가 된다고 했다.

어찌 보면 무척 쉽고 단순한 게임이었다. 평소의 생각만 뒤집으면 될 일이기에 승패는 쉽사리 갈리겠지 생각했다. 출연자들은 누워서 떡 먹기라며 파안대소하며 그런 게임을 제안한 제작진에게 야유를 보냈다.

게임이 시작되자 평소 남다른 재치로 이기기만 했던 J는 지는 일에 서툴렀다. 보자기를 보고 반사적으로 가위를 내서 이김으로써 졌다. 반복되는 다른 동작도 마찬가지여서 자처한 패배를 받아들이지 못했다. 모니터의 자막은 '신흥 바보 탄생'이라며 비아냥댔다. 고정관념이 안겨준 쓰나미가 몇 차례 지나갔으나 출연자들이 예외 없이 승자가 됨으로써 졌다.

참다못해 눈을 감고 '가위바위보'를 했다. 견고한 사고의 벽을 눈을 감아서라도 넘어보려는 의도였다. 시각적으로 각인된 사인(sign)과 승패는 게임 규칙을 변경해도 바꿀 수 없는 지독한 관념이었다.

게임은 다섯 차례가 넘도록 승자를 내지 못해 반복되었다. 기를 써도 지지 못하고 자동적으로 이기고 마는 자신의 손가락을 치며 원망했다. 몇 번인지도 모를 재도전에 손을 부들부들 떨었다. 30년 남짓 해온 가위바위보의 관성에서 헤어나지 못했다. 한참 후에야 두 명의 패자들이 겨우 졌다. 그들은 승자가 되고서도 고개를 갸웃했다. 받아들이기 어려운 것은 시청자도 마찬가지였다.

그들에게는 외양간의 배설물 치우기와 고추 따기가 벌칙이었다. 고정관념을 버리지 못한 벌칙으로는 만만치 않았다.

지는 것이 그토록 어려웠을까. 경쟁에서의 승리에 익숙해진, 이겨야만 한다는 생각은 우리의 의식 밑바닥에 각인되어 있다. 파이팅만을 외치는 경쟁사회에서 승리로 기득권을 얻은 자는 다음 경쟁에서 유리한 위치를 선점할 확률이 높다. 그 때문인지 우리는 성공만을 신화처럼 내세우는 경쟁 사회에서 이기는 것을 최선의 가치로 여긴다. 이 밤도 겨우 하루 분의 경쟁이 끝났을 뿐이다.

다시, 폐사지에서

 가을볕이 느리게 따라왔다. 오랜만에 미륵사지를 찾았다. 전라북도 익산시 금마면의 미륵사지는 백제 말 무왕 639년에 세워진 절터다. 백제의 문화적 역량으로 채워졌을 절집은 조선시대에 폐사된 것으로 추측되며 현재는 터만 남았다.
 미륵사지를 상징하는 커다란 화강암 석탑은 수난도 많았다. 탑이 노후화되자 일본인이 시멘트로 보수했는데 그나마 붕괴될 우려가 있어 해체하여 복원 중이다. 그것을 볼 때마다 마음이 편치 않았다. 매끈한 대리석으로 단장된 동탑을 보는 일도 언짢기는 마찬가지였다.
 탑을 복구하기 위한 가건물은 절의 구조물인 양 자리한 지 오래다. 절집의 건물이 사라졌으니 후원後園이라 할 것도 없는 뒤뜰도 허허

롭기는 그지없었다. 몇 개로 나뉜 구획도 천삼백 년 전의 시간으로 되돌리려는 후세인들의 노력과는 달리 지금 그대로 평안해 보였다. 내가 폐사지를 즐겨 찾는 이유다.

삽상한 바람에 어깨를 맡기며 빈터의 전성기를 떠올렸다. 반대편 산기슭 마을 언저리에 훗날 무왕이 된 서동이 달려오는 것 같았다. 설화에 의하면 마를 캐어 생계를 꾸리던 그는 신라 진평왕의 딸 선화공주를 아내로 맞고자 〈서동요〉를 퍼뜨려 공주는 귀양을 가게 되었다. 그 길에 동행한 서동과 결혼까지 하게 되었다는 러브스토리는 파격적이다. 요즘이었다면 서동은 허위사실 유포의 중죄를 면하기 어려웠으리라.

임시 건물의 실내에 들어서니 찬 기운이 와락 달려들었다. 마침 휴일이어서 작업도 멈추었으며, 벽면에는 해체 당시의 상황을 보여주는 사진들이 즐비했다. 중환자실의 장기 환자인 석탑을 문병하는 일은 가슴이 서늘했다. 굄돌처럼 누워 의식을 잃은 그는 몇 년째 차도가 없다. 그가 나를 기억하지 못할지라도 그의 병실을 지나칠 수 없었다. 그의 분신이던 큰 돌멩이들이 나를 바라보았다. 서둘러 밖으로 나왔다.

10여 년 전 그곳에서 가까운 학교에서 3년간 계절학기 수업을 받을 때였다. 틈틈이 시간을 내어 망중한을 즐기곤 했다. 안개 속에 농로를 달려, 방앗간을 개조한 찻집을 찾거나 수백 년의 수령을 자랑하는 느티나무에 기대어 치열했던 중년의 시간을 다독였다. 그중 가장 많이 찾았던 곳은 미륵사지였다. 내 안의 허기를 달래고자 시작한 작은 석탑 하나 쌓는 일은 그리 녹록하지 않았다.

단숨에 달려가곤 했던 미륵사지에는 내 마음을 달래줄 바람 몇 줄기가 기다렸다는 듯 배회했다. 거대한 절집이 거짓말처럼 사라진 터를 걸으면 허기진 마음은 삽상한 바람으로 충만했다. 가슴 가득 담아온 그것으로 한 계절 넉넉히 견디곤 했다. 지금처럼 바닥이 다져지기 전이어서 흙 틈에서 반짝이던 사금파리 조각을 주워, 백제 도공의 땀과 그릇을 애지중지했던 어느 여인의 손길을 느끼곤 했다.

당시 그는 삼분의 일쯤이 흙빛으로 변한 시멘트로 메워진 채 약간 삐딱하게 서 있었다. 존경받던 이가 노쇠한 몸으로 자신에게 가해진 폭력을 묵묵히 견디고 있는 모습이었다. 역사의 흥망을 지켜보았을 노장에 대한 예우가 아니라는 생각에 잠기곤 했다. 그는 바람결에 속삭였다. '큰 몸집으로 균형을 잃고 서 있는 것 자체가 고역스럽고, 혀를 차며 자신을 위아래로 쳐다보는 관람객들의 한결같은 태도도 민망하지만 그냥 견디는 것'이라고.

폐사지를 점령한 바람은 대처의 바람과 결이 달랐다. 여름에는 상큼함으로, 한겨울에는 포근함으로 나의 지친 어깨를 감쌌다. 모든 것은 지나가기 마련이라고 속삭였다. 상처투성이 탑만 남은 스산한 터에서 받은 위로는 그 시절을 견디는 힘이 되었다.

나는 그 시절이 빠른 강물처럼 지나가기를 바랐다. 그를 만나고 오면 당시 내가 처했던 상황의 중압감에서 잠시라도 벗어날 수 있었다.

뒤늦게 학위에 도전한 내게는 한창 손길이 필요했던 아이들과 직장일 등 넘고 견디어야 할 언덕들이 즐비했다. 버겁게만 느껴졌던 시간도 거짓말처럼 지나갔다. 학업이 끝나면 넉넉해진 시간과 여유로운 일상이 주어지겠거니 기대했으나 그런 일은 일어나지 않았다. 여전히 해야 할 일은 줄어들지 않았고 그때와는 다른 형태의 분주함이 나를 묶고 있다. 그러나 오늘이라는 시간조차 훗날에는 절절한 그리움으로 회상할 아련한 시절이 아니겠는가. 폐사지의 맑은 하늘에 시름없이 흐르던 구름처럼 지금 이 시간 또한 바람결에 지나가리라. 오늘을 견디고 어제를 회상하면 그것으로 족하지 않은가.

여산 IC를 지날 때면 익산 미륵사지를 떠올리곤 한다. 나는 다시 그곳에 갈 수밖에 없다. 다음에 그곳을 찾을 때면 분리된 돌이 제 위치를 찾은 의연한 탑의 모습으로 만날 수 있으리라.

그곳에서라면 희미해진 그리움을 복원하고 내 손으로 세우다가 완공하지 못한 작은 석탑 하나 다시 일으켜 세울 수 있을까. 그 옆의 낮은 석등에 불빛 하나 밝히고 싶다. 지금도 가끔 그 시절을 서성인다.

제2부

열차가 달려온다

나의 '오리엔트'

 중학생이 되자 언니의 시계를 물려받았다. 입학 선물이라기엔 낡은 '오리엔트'였다. 유리는 흐릿했고 검은 밴드도 히끗히끗한 흠집이 있었다. 팔목을 빙글빙글 겉돌던 시계를 바라보던 아버지는 밴드 안쪽에 구멍 하나를 뚫었다. 아버지의 헛기침과 왼쪽 손목에 밴드를 돌려보는 시운전으로 시계는 온전히 내 것이 되었다.
 딸 부잣집 막내인 내게 주어진 것은 대부분 헌 것이었다. 교복은 물론 가방까지 언니로부터 물림했으니 시계라고 예외는 아니었다. 시계가 흔치 않은 시절이었기에 섭섭하지는 않았다.
 물림에 이골이 난 나는 고등학교 입학 전, 엄마에게 "고등학교 교복도 언니 것 입어야제."라고 체념하듯 말했다. 그 한마디는 모성

애와 측은지심을 유발한 쾌거를 거두었다. 처음 입어 본 새 교복의 흰 칼라는 눈이 부셨다.

손목시계는 당시 소지품 중의 으뜸이었다. 세 시 눈금 바깥의 톱니 모양은 손에 잡히지 않았으나 정상 가동을 위해서는 정기적으로 밥을 주어야 했다. 엄지와 검지 끝을 이용한 태엽 감기는 중요한 일과였다. 시계는 주인의 적극적인 돌봄으로 제 기능을 유지했던 대표적인 아날로그 기기였다. 체육시간이 끝나고 수돗가에서 손을 씻을 때면 혹여 물이 튈세라 조심했다. 방수 기능이 없던 터라 습기가 서렸으나 시나브로 걷히곤 했다.

시계 유리는 백 원짜리 동전만 했다. 아홉 시 눈금 부근엔 긁힌 자국이 선명하여 입김으로 닦았으나 맑게 닦이지는 않았다. 나의 노력과는 무관하게 뜻대로 이루어지지 않은 세상의 많은 일을 겪을 때면 안개 속을 헤매는 듯한 미망에 빠졌다. 그럴 때면 입김으로 닦아도 지워지지 않던 그 시절의 흐린 유리면이 떠오르곤 했다.

꼬박꼬박 밥을 주었어도 시계가 멈출 때면 아버지의 직장인 읍사무소에 갔다. 집에서 말해도 될 일이었으나 머리를 쓰다듬어 주던 직원들의 칭찬을 듣고 싶은 마음에서였다. 시계를 양복 호주머니에 넣고 묵묵히 앞장서던 아버지는 지금 생각해보니 근무지 무단 이탈자였다.

나는 아버지의 빠른 걸음을 종종거리며 따라갔다. 정류장 옆 시계방 주인은 한쪽 눈에 과장되게 튀어나온 돋보기를 쓰고 시계 뒷면을 열었다. 정교해 보이는 핀셋을 든 채 살폈으나 대부분은 전지를 바꾸는 간단한 수리가 전부였다. 길지 않은 시간이었으나 다정한 말도 아꼈던 아버지와의 짧은 외출은 오래 간직하고픈 삽화로 남아 있다.

고등학생이 되어 시계가 바뀌자 '오리엔트'는 서랍 한 구석을 차지한 신세로 전락했다. 서랍을 열면 온기를 잃고 더 이상 째깍거리지 않던 것을 애잔한 마음으로 바라보곤 했다. 그것과의 결별은 분명치 않다.

이제 본래의 기능을 위해 시계를 착용하는 사람은 드물다. 시간 확인은 물론 시공을 초월한 영역 확장과 정보의 바다를 유영하게 해 준 휴대전화의 공로를 폄하할 생각은 없다. 그렇다고 수채화처럼 남아 있는 그 시절과 상쇄하고 싶지 않다.

요즘의 손목시계는 외관의 디자인에 치우친다. 옷의 분위기에 맞춤한 색상이나 디자인으로 자신의 패션 감각이나 기호를 표현하는 소도구로 사용한다. 그뿐만 아니라 수천만 원을 호가하는 명품 시계로 재력을 과시한다. 그것들은 누군가의 취향을 드러내는 주요 아이템이 되었으나 가격이 사람됨을 대변하지는 않는다. 시계나 소지품의 진가는 가격보다는 그것의 가치를 제대로 이해하는 사람의 것이다.

디지털 시계는 소리가 없다. 디지털의 흐름을 거스르지 못한 나는 초침 소리와 같은 추억의 소음을 시나브로 잊고 산다. 이후 두세 개의 시계를 가졌으나 낡은 '오리엔트'만큼의 애틋함은 없었다.

사람들은 돌이킬 수 없다는 것 때문인지 처음이라는 것에 많은 의미를 부여한다. 나 역시 '처음'에 대한 추억들은 기억의 칩에 과거형으로 입력되어 그리움으로 남아있다. 추억이 깃든 소지품 몇 개 갖는 것은 작은 즐거움이다. 지금도 내 서랍에는 초침 소리를 잃은 손목시계 두 개가 나른하게 졸고 있다. 내가 손목시계를 산다면 그 시절에 대한 그리움 때문이리라.

별명 연대기

단풍이 싸목싸목 남하하던 주말, 고양시 선유동의 '소설의 느티나무 숲'에서 열리는 '단편소설 페스티벌'에 참석했다. 우리 문학사가 기억해야 할 작가들의 독회와 좌담회가 열리는 자리였다. 구효서 작가의 순서였다. 그의 소설 《별명의 달인》은 학창 시절에 절묘한 별명을 지어주던 친구를 찾는 여정을 모티브로 한 소설이었다. 소설 속의 에피소드를 들으며, 내 유년의 별명 속을 유영했다. 그것은 생명체처럼 변화를 거듭했으나 발전적인 진화였는지는 모호하다.

1) '이뻥구' 시대(1963년 전후)

어릴 적 우리 집에는 두세 가구가 세 들어 살았다. 아이들을 때리던 엄마가 살았는가 하면, 마당의 화덕에서 어탕을 자주 끓이던 예비군 중대장도 있었다.

　많은 이들 중 잊을 수 없는 사람은 인채 언니다. 은행원이던 그녀가 걸음을 옮길 때면 '또각또각' 찍어대던 발걸음에 맞추어 긴 퍼머머리가 출렁거렸다. 비음 섞인 음성도 듣기 좋았다. 언니는 자신의 방에 나를 자주 데려갔다. 그 방에서는 밥이나 빨래 등의 생활의 흔적 대신 정체 모를 단내가 났다. 사과 향이 나른하게 배회했고 특이한 용기의 화장품, 옷가지 등 구경거리가 가득했다. 언니와 함께 쓰던 내 방에 대한 기억보다 더 선명하다.

　그녀는 나를 안고 마당을 돌 때면 '이쁜 것'에서 시작해서 '이뻥구뼁구'를 연발했다. 야릇한 연음법칙에 의해 '이뼁구'라는 별명이 정착되자, 나는 그녀의 호칭에 감읍했다. 유년 시절이었으나 남다른 분별력으로, 별명에 부응할 만한 외모를 갖추지 못했음을 자각했기 때문이었다.

　세 명의 친언니들도 신세계에 가까운 그녀의 방을 동경하기는 마찬가지였다. 친절한 그녀는 우리에게 '나마가시'라 불리던 생과자나 '미깡'이었던 귤을 주곤 했다. 그러나 길게 머물 수는 없었다. 아버지가 '그 방에서 얼른 나오라.'는 말 대신 짧고 마른 헛기침으로 경고 메시지를 보내기 때문이었다. 그녀의 방에는 가끔 젊은 남자가 드나들었다. 그가 온 기척이 있으면 우린 창문으로 훔쳐보았으나 남자의 신발은 보이지 않았다.

그녀가 도시로 발령이 나자 '이뼁구'의 시절은 막을 내렸다. 그녀가 이사 가던 날, 나는 화단의 진주홍 제라늄 꽃을 꺾었다. 고약한 냄새가 손에서 떠나지 않았다.

사춘기가 되어서야 나는 비로소 그녀에 대해 들었다. 부모를 잃고, 부유한 고모 댁에서 명문여고를 마쳤으며, 지인의 소개로 우리 집에 세를 살았다는 것, 휴일에도 가야 할 집이 없어 나와 놀기는 즐겼을 것이라 했다. 얼마 전 간신히 확인한 바로는 오십을 넘기지 못하고 K시에서 죽었다고 했다. 가족 이외의 사람과 맺은 최초의 대상이던 인채 언니, 내게 과한 별명으로 행복감을 주었던 그녀를 잊을 수 없다.

2) '무술생 진시' 시대(1965년 전후)

엄마는 교육적 근거가 모호한 가정학습을 실시했다. 자매에게 각자 생일 생시를 외우게 하는 것이었는데 유난히 내게만 복습을 강요했다. 거기에 더해 고등학생이던 오빠, 언니는 팝송을 수시로 전수했다. 생일생시인 12간지와 팝(POP)의 세계가 조우하던 글로벌한 교육과정의 희생물이었다. 손님이 오면 먼저 뻔한 신상 털기가 시작되었다.

"막둥아, 니 생일 생시가 언제라고?"

"무술생 진시요오."

그들이 어린것의 입에서 듣고자 한 것은 '무술생戊戌生 진시辰時

요오.' 한마디였다. 나는 그들의 기대를 저버릴 수 없다는 기특한 가족애로 대뜸 대답하곤 했다. 이어지는 팝송 신청곡도 뻔했다.

"으음 키스 미 퀴익(Quick)."

'퀴익'에서 '익~'을 경쾌하게 약간 올려주면 박수가 터져 나왔다. 노랫말의 의미를 알 리 없던 나의 앵무새 노릇은 당분간 지속되었다. 얼마 전 내 생일에는 둘째 언니로부터 "무술생 진시야, 생일 축하한다."는 문자 메시지를 받았다. 질긴 기억의 소소한 행복이라니.

3) '충격' 시대(1970년 전후)

부엌 한켠에 걸린 바구니에는 누룽지가 늘 담겨 있었다. 그것이 제법 모이면 엄마는 기름에 튀겨 설탕을 솔솔 뿌려주었다. 우린 설탕가루가 방바닥에 떨어지지 않도록 조심하며 먹었다. 그때 라디오에선 이런 말이 들렸다.

"대단한 충격이었네요."

처음 듣는 '충격'이라는 말이 인상적이었다. 누룽지를 함께 먹던 오빠에게 '충격'이 뭐냐고 물었다.

"막둥아, 그것은 튀긴 누룽지를 말하는 것이여."

나는 왠지 미심쩍었으나 고개를 끄덕였다. 때마침 먹던 누룽지의 맛이 고소했던지라, 라디오 속의 누군가도 그것을 먹는 중이었겠지 생각했다. 오빠는 '대단한 충격'이란 아주 큰 누룽지를 튀긴 것이라는 부연 설명도 잊지 않았다. 그 무렵 내겐 '충격 = 튀긴 누룽지'로 각인되었다.

4) '바둑이' 시대(1980년 이후)

H 교수는 수업 시간에 〈명동의 그리스도〉라는 시를 칠판에 적어 내려갔다. 전공과는 무관한 시를 소개하던 젊은 여교수는 그날부터 내 마음 한구석에 자리 잡았다. 마음과는 달리 재학 시절엔 정작 데면데면했으나, 졸업 후 모교에서 교사 연수 등을 받으며 가까워졌다. 요즘도 명동의 로얄 호텔 앞을 지날 때면 "명동아, 명동아, 네가 하늘에 닿을 듯 싶더냐…."던 그 시구가 맴돌곤 한다.

그녀는 나의 인상착의가 바둑이와 무관하지 않음을 느꼈음일까. 성형 전문의의 상담 본능을 자극할 만한 둥근 콧날 때문에 '바둑이 코'로 불렀다. 그녀는 "귀 잘생긴 거지는 있어도 코 잘생긴 거지는 없다."라는 덕담도 잊지 않았다. '바둑이 코'는 '바둑이'로 정착되어 친구들도 덩달아 그렇게 불렀다. 성인이 되면 별명에서 자유로울 줄 알았다. 이십대 여성에게 '바둑이'는 정겨울지언정 여성스럽지 않았다. 그로부터 이십여 년은 '바둑이'였다. 아니 지금도 H 교수를 만나면 '바둑이'다.

5) '1702호' 시대(2000년대)

'1702호'. 언제부턴가 나를 칭하는 숫자다. 자본주의가 점령한 대도시 거대 감옥에 갇힌 수인囚人에게 적합한 호칭인지도 모른다. 택배를 찾아가라는 관제실이나 이웃들은 재소자도 아니건만 나를 그렇게 부른다. 요가 교실에서는 '회원님', 문우들은 '엄 선생', 직장에선 직함으로 불린다. 그것은 대명사일 뿐 나의 개성이 담길 여지가 없다.

별명이나 애칭을 얻는 일은 출생이 그러하듯 정작 당사자의 의지가 개입될 수 없는 행위이며, 지은 사람과 부르는 사람 간의 모종의 정서적 유대가 생기는 일이다. 상대에 대한 관심으로 시작되어 분석을 거쳐 이루어지는 쉽지 않은 작업이다. 메일의 닉네임이나 SNS 상에는 튀는 별칭이 넘치지만, 제대로 된 별명에는 진정성이 담겨 있다.

다시 듣고 싶다. '이뼁구'든 '무술생 진시'든 '바둑이'도 좋다. 그것들로 불릴 당시엔 쑥스럽고 마뜩잖은 적도 많았으나 별명을 불러주던 이들이 그립다. 근래의 기억은 희미해지는 속도가 LTE 급이지만, 그 시절의 기억만은 생생하다. 반백으로 꺾인 나이를 힘겹게 넘고 있는 내게 걸맞은 별명 하나 붙여줄 이 없는가.

내 인생의 스포일러

언젠가 보았으나, 줄거리가 선명치 않은 영화들이 있다. 영화뿐이랴. 책이나 연극은 물론 어디선가 만난 사람에 대한 기억조차 희미할 때가 많다. 이는 뇌의 기능이 자신이 갈무리할 만한 것만 감당하려는 안간힘이자, 생체 리듬 조절에 필요한 장치인지도 모른다.

사람들은 기억의 매장량을 업그레이드하거나 별도 저장할 수 있는 외장하드 디스크도 갖추지 못했다. 퇴적된 기억 속에서 자연스러운 현상이 되어버린 망각은 도리어 다행스럽다. 슬픔이나 괴로움에 대한 기억이라면 더욱 그렇다.

등장 인물들의 심리 묘사가 인상적이던 영화를 검색하던 중이었다. 스포일러가 있으니 참고하라는 친절한 안내가 먼저 보였다. 지나다니는 길에 지뢰를 은밀하게 숨겨두었으니, 알아서 피해가라는 투였다. 피하기는커녕 미끼를 클릭했다. 희미해진 줄거리가 다시 살아났다. 가끔은 예매한 공연의 리뷰도 예습 삼아 즐겨 읽는다. 예측 불가한 결말을 상상하는 일도 좋지만, 배우의 연기 등에 몰입할 수 있음은 스포일러가 주는 보너스다.

스포일러(spoiler)는 영화나 소설 등의 줄거리 누설이나, 그런 일을 하는 사람들을 말한다. 줄거리를 사전 누설하는 사람을 칭하는 '헤살꾼'을 빗대어 '영화 헤살꾼'이라는 애교 섞인 호칭도 있으나 눈총 받는 경우가 많다. 작가나 제작자 입장에서도 잠재적 관객 수를 잠식하여 흥행률을 떨어뜨리는 달갑잖은 존재이기 때문이다. 속칭 막장이라 비난하는 드라마의 결말이 공개된다면 텔레비전에 시선을 묶어둘 이유도 없을 뿐더러 긴장감도 반감되리라.

한 뉘를 사는 것은 안개 속을 걷는 일이다. 인간은 자신의 삶에 대한 스포일러를 갖지 못했다. 미래는 노력한다 해도 인지할 수 없으며 예측은 빗나가기 일쑤다. 내 인생의 스포일러가 한 줄이라도 적혀 있었다면 미망과 혼돈의 시간은 줄일 수 있었을까. 설령 누설로 인해 긴장감을 반납하더라도 알고 싶다, 내일을.

내 삶의 스포일러를 알았더라면 오늘 나는 어떤 삶을 살고 있을까. 많은 부분이 지금과 달라졌을지도 모른다. 번듯한 프로포즈 없이 우물쭈물하다가 결혼하게 될 줄 알았다면 그와의 인연은 이어지지 않았겠지. 아이의 진로 선택에 다른 카드를 집었더라면 더욱 탄탄한 길을 걷지 않았을까. 건축업자의 부풀린 청사진만 믿고 덜컥 지어놓은 건물로 인한 경제적인 고충은 겪지 않았을 텐데….

인간이라면 피해갈 수 없는 보편적인 스포일러가 없는 것은 아니다. 이미 태어난 우리에게 닥칠 일은 늙고(老), 병들고(病), 죽는(死) 일뿐이라던가. 남은 시간이 늙고 병들고 죽는 것으로 채워진다면 가혹한 결말이다. 누구에게나 공평하게 주어진 일을 원망할 필요는 없다. 굳이 위로를 찾자면 '희로애락喜怒哀樂'처럼 '노여움과 슬픔' 옆에 '기쁨'과 '즐거움'이 수문장처럼 버티고 있지 않은가. 그것들의 밀도를 조절해 가며 기억하고 싶은 일들은 새록새록 들추어 볼 수도 있음은 나의 권한이다.

예측되지 않은 소소한 즐거움도 많다. 내일 아침 바람이 어느 방향으로 불지 알 수 없다. 냉동실에 보관 중인 튤립의 구근이 무슨 색의 꽃을 피울지 모른다. 산책로의 야생화와 창가의 키 작은 단풍나무는 어떤 모습으로 자라날지 짐작할 수 없다. 공산품처럼 획일화된 모양은 아닐 것이라는 확신에 정겨움을 느낀다. 그것들의 스포일러를 알 수 없다 해도 그에 따른 불안감이 없다.

사냥꾼이 밀림을 내달릴 수 있는 동력은 사냥에 대한 확신만은 아니다. 문명의 진화와는 무관한 불확실성이야말로 모든 가능성을 포함한다. 한 치 앞을 볼 수 없다는 사실을 인정하는 순간 의외의 가능성과 잠재력이 작동하기 시작한다. 삶이 지속되는 한 피할 수 없는 불확실성을 받아들이고 그것을 연료 삼아 각각의 삶을 지필뿐이다.

    나는 또 하나의 출발점에 서 있다. 내 인생의 스포일러를 알 수 없기에 안대를 착용한 것처럼 시계視界가 허락하는 만큼만 내디딜 뿐이다. '삶이란 추측되지 않았다. 그냥 일어날 뿐이다.'는 말을 입증하듯 예상되지 않은 무수한 일들이 나도 모르게 배턴을 주고받으며 이어졌다. 이제 적중률이 낮을지라도 남은 삶의 스포일러는 내가 직접 써볼까.

비탈길 의자

공원을 산책할 때면 "지금 이곳에 공원을 만들지 않는다면, 100년 후에는 이 넓이의 정신 병원이 필요할 것"이라 했다던 시인의 말이 떠오르곤 한다. 뉴욕의 맨해튼에 센트럴파크를 만들자는 주장이 벽에 부딪히자, 그 말로 반대하던 사람들을 설득했다던가.

분수대를 지나면 비탈길이었다. 그곳에는 내가 좋아하는 나무 의자가 있다. 그것은 경사진 곳에 각기 두 개씩의 길고 짧은 다리로 서 있었다. 지날 때마다 눈길을 주어서인지 비바람에 등받이의 칠이 벗겨진 것조차 정겨웠다.

그날도 나무 벤치에 앉았다. 공원에 쉴 만한 곳은 많았지만 유독 그 벤치에 앉았던 것은, 안간힘으로 수평의 자리를 만들어 준 녀석의 성의에 응답해야 할 것 같은 마음에서였다. 처음엔 비탈진 곳이라는 생각에 몸이 한쪽으로 쏠릴 것 같아 끄트머리에 조심스레 몸을 걸쳤다. 불편하지 않을까 생각했으나 그것은 기우였다. 앉아보니 무릎이 높이 올라온 것 말고는 평지의 의자와 다를 게 없었다. 대견한 생각에 앉은 자리를 쓰다듬었으나 정작 의자는 '이 정도쯤이야.'라는 듯 의연해 보였다.

어제도 공원을 걸었다. 예의 의자에 등을 기대려는데 오른편으로 기우뚱했다. 일어나 살펴보니 높은 곳에 서 있던 짧은 다리 밑이 파여 있었다. 땅에 묻힌 부분이 삭아버린 것이다. 빈곳에 돌멩이라도 채워주고 싶었으나 마땅한 것이 보이지 않았다. 위태롭게 서 있는 녀석을 두고 가던 길을 걸었다.

본디 나무였으나 뿌리를 떠난 나무는 햇볕이 내리쬐고 숲이 울창해도 광합성을 해낼 수 없었다. 사람의 손으로 시멘트라도 부어 단단히 땅에 심어 주어야 했다. 바로 옆에서 분홍빛 꽃을 피우며 서 있는 미끈한 다리의 백일홍이 부러웠을 것이다.

나는 중년의 초입에서 삶의 터를 옮겼다. 남편의 직장 발령 때문이었다. 처음엔 바뀐 환경도 낯선 거리도 신선했다. 날이 갈수록 두고 온 것들에 대한 그리움은 무엇으로도 희석되지 않았으며, 거리를 거닐 때면 늘 찬바람이 몰아쳤다. 안정된 직장에서 퇴직했으며, 그동안 쌓아올린 '성취'라고 여겼던 것들도 물거품이 되었다. 익숙했던 모든 것, 실하게 뿌리내린 것들과 헤어지는 일은 예상보다 힘들었다. 나는 간데

없고 가족이 새로운 터에 뿌리내리도록 신경 써야 했다.

　일상은 물기를 잃어갔다. 남들은 트랙의 중반을 달리고 있었으나, 나는 다시 출발선에 엉거주춤 선 꼴이었다. 힘겨운 적응 기간을 겪었다. 당연히 주어지는 것으로 알았던 햇빛과 물, 바람도 내 곁에서 사라졌다. 대신 나의 의지와는 무관한 일, 때로는 온전히 이해할 수 없는 일이 많았다. 큰 그림 안에서의 나는 고작 퍼즐 한 조각에 불과했다. 상황에 맞추기 위해 양쪽 발을 각기 다른 높이에 두고 서 있기도 했다. 안착한 것처럼 느꼈으나 겉돌기 일쑤였다. 뿌리를 옮긴 나무의 비애였다.

　비탈길에 선 의자를 떠올린다. 돌멩이 하나 끼워주지 못하고 돌아선 의자는 누군가가 앉으면 균형을 잃거나 현기증을 피할 수 없을 것이다. 내가 비탈에 서서 균형을 잡지 못했던 날들은, 시간이라는 더딘 처방으로 완화되었다. 그러나 앞으로 내가 만나야 할 비탈길도 만만치 않으리라. 때론 평지조차 가파르게 느껴지는 마음의 경사도는 무엇으로도 완만해지지 않을 것이다.

　자신의 높이를 상대편에 맞추려다 착지 지점이 닳아 균형을 잃은 벤치, 저 의자도 비탈길에서나마 뿌리내리고 싶었을까.

이상한 기적의 아침

1. 로마 광장의 노인

잠에서 깨어난 아침이 부스스하다. 출근 길, 집에서 신도림역으로 통하는 지하상가를 지나면 '로마 광장'이다. 이름값을 하기 위해서인지 인조 대리석 기둥이 천장을 받들고 있다. 도리아식인지 이오니아식인지 분간이 안 되는 기둥은 주변과의 부조화로, 로마를 걷는 듯한 착각은 일어나지 않는다.

광장을 빠르게 걷던 이들은 전동차가 진입하는 소리를 듣자 뛰기 시작한다. 우리나라는 OECD 국가 중 일터와 쉼터의 이동 시간이 가장 오래 걸리는 국가라던가. 오죽하면 어느 정치인이 '저녁이 있는 삶'을 공약으로 내걸었을까. 반면 나무 벤치에 앉아있는 이들은 움직임이 없다. 달리는 이들을 물끄러미 바라볼 뿐, 두세 사람이 앉아 있어도 대화를 나누지 않는다. 어떤 때는 시간과 장소에 걸맞지 않게 언성을 높인 적도 있다.

단체로 흰 모자를 쓴 듯한 그들은 어르신들이다. 잠이 달아난 새벽에 집을 나와 무임의 전철에 몸을 싣고 잉여 시간을 견디려는 것일까. 그들 앞에 주어진 오늘 하루는, 이 여름은 어떤 의미일까.

2. 도회의 사막을 건너는 법

지하철역에서 나오면 버스 환승을 위한 사람들로 부산하다. 일터와 학교를 향하는 사람들 사이로 물기 잃은 표정의 할머니가 지나간다. 등에는 몸집보다 큰 배낭이 힘겹게 붙어있다. 네팔의 셀파가 짊어진 등짐만 하다. 양손도 자유롭지 못하다. 한 손은 카트를 끌고 다른 한 손은 폐지가 가득한 쇼핑백이 들려 있다. 몸을 60도 정도 굽히고 걷는 그녀는 차림새로 보아 노숙인은 아니다. 새벽에 수집한 폐지라기엔 양이 만만치 않다. 생존을 위해 분주한 아침 풍경에 합류했으나 왠지 위태로워 보인다. 할머니는 정류장에 카트를 세우고 쇼핑백을 내려놓더니 양손으로 허리를 받치고 등을 뒤로 젖혔다. '우두둑' 소리가 날 것만 같았으나 허리가 굽은 것이 아니었다.

그녀는 척박한 도회에서 일상의 무게와 속도를 견디기 위해 몸을 낮추는 것일까. 등짐의 하중을 견디며 삶의 건조한 사막을 건너기 위한 자신만의 방법인지 모른다. 라이더가 공기의 저항을 줄이기 위해 몸을 최적화하는 것처럼….

뒷모습은 얼굴을 포함한 앞모습처럼 인위적으로 지을 수 없다. 다른 승객의 도움을 받으며 16-1 버스에 오르는 할머니의 뒷모습이 스산하다.

3. 흔들리는 가장

도심의 아침은 황사가 먼저 점령했다. 횡단보도 앞에서 사십대의 남자가 신호등이 바뀌기를 기다리던 여중생에게 물었다.

"학생, 이 길로 쭈욱 가려면 어디로 가면 돼?"

'쭈욱-'을 강조하기 위해 팔을 뻗어 오른쪽을 가리켰으나 그 길은 지하차도 방면이었다. '이 길로 가려면 어디로 가느냐'는 이상한 질문은 서너 번 계속되었다. 대답할 말을 찾지 못해 우물쭈물하던 학생은 그의 말이 반복되자 급기야 울상이 되었다.

"아유, 울지 마. 울지 마. 아저씨가 미안하다. 미안해. 길을 몰라서."

계절과 맞지 않은 낡은 옷, 가시지 않는 술 냄새, 번들거리는 눈은 웃는 건지 울음을 삼키는 건지 불분명했다. 그는 신호등이 바뀌었으나 횡단보도를 건너지 않고 학생의 뒷모습만 바라보았다.

예기치 않은 파산으로 가족을 떠난 가장이 슬기운을 떨치지 못하고 딸 생각에 울컥했던 것일까. 나의 상상력은 어긋날수록 좋으리라.

4. 고도를 기다리며

횡단보도 반대편은 수도권과 충청권으로 가는 대학 셔틀버스 정류장이다. 버스를 기다리는 행렬이 점점 길어지고, 가방을 맨 학생들은 생기 없는 표정으로 팔짱을 낀 채 허공을 바라본다. 각자 접신하는 휴대전화의 이어폰에 청각을 맡기고 눈을 감기도 한다. 대화를 나누기보다는 저마다 고립된 섬이 되어 서 있다.

줄은 점점 길어져 가로수와 더불어 그곳의 정물이 되었다. 기다리던 버스는 오지 않았다. 조만간 버스는 도착하겠지만 그들은 삶이라는 장벽 앞에서 인내심을 실험당하리라. 옹벽 같은 취업의 문을 열기 위해 또 다른 기다림으로 채워야 할 시간을 가늠해 본다. 그 문에 들어선다 해도 가시적인 성과와 경쟁에서의 승리, 자본이 우선인 풍조 속에서 소중한 가치는 무의미하게 여겨지리라. 수렵 채집인들은 사흘에 한 번, 한 나절씩만 일하고 무리를 먹여 살렸다던가. 그 시절에는 오늘날의 대다수 사무원과 노동자보다 정서적으로 안락하고 보람

되게 살았으리라.

이상하게 진화된 근대사회는 인간들을 피폐한 삶으로 내몰고 있다. 인간 존재에 대한 뜬구름 잡는 질문과 이상한 대답으로 이어지던 부조리극에서 고도는 끝내 오지 않았다. 이 시대 저들이 기다리는 고도가 너무 늦게 오지 않기를….

5. 이상한 기적의 아침

서둘러 버스를 탔으나 속도를 내지 못한다. 기약 없는 정체에 승객들은 창밖을 바라본다. 늦어질 도착 시간도 문제지만 지체된 일상, 체증을 일으키는 삶을 보는 듯한 답답함이 견디기 힘들다.

도로 체증의 원인은 의외로 고장 난 견인차였다. 차가 두 차선에 걸쳐 서 있으나, 사태 수습을 위한 견인차들은 보이지 않았다. 평소엔 경미한 접촉사고일지라도 서너 대가 들이닥치곤 했다. 동업자들은 출동한다 해도 그만큼의 대가를 바랄 수 없기 때문일까.

지천이 신록이다. 봄꽃 진 자리에 조심스레 내밀던 이파리는 초록만으로 세상을 물들이기로 작정한 모양이다. 방음벽에는 대형 초록 카펫이 근심없이 널려있다. 원칙이 무시되는 하수상한 세상임에도, 절기에 맞게 꽃과 잎과 열매까지 내놓은 일은 기적이 아닌가. 내 몸도 각종 화학 첨가물 섭취와 빈번한 황사 흡입으로 업그레이드 되었다. 독성 물질에 이골이 난 심방과 심실은 그 정도쯤이야 괜찮다는 듯 척박한 세상을 견디기 위한 최적의 장기로 진화했다.

출퇴근에 하루 세 시간 남짓 걸리는 사람들은 특별하지 않은 이웃이다. 새벽부터 할 일 없는 시간의 무료함을 견디거나 생활고에 짓눌린 노년, 장년기에 무너진 가장과 청년들의 소리 없는 아우성, 상식이 무너진 이 땅에도 계절은 바뀌고 아침은 온다. 기척처럼.

정체 구역을 벗어났다. 비로소 버스는 속도를 내기 시작했다. 황사는 사라질 기미가 보이지 않는다. 나는 아무도 행복해 보이지 않는 이상한 기적의 아침을 달린다.

할머니의 차표

"내 자리가 어디요? 기냥 빈자리에 앉으믄 안되까?"

주말 나들이를 위해 고속버스에 오른 내게, 할머니가 주춤주춤 하더니 말을 건넸다. 손에 쥔 차표를 보여줄 듯 말 듯 망설이고 있었다. 잠시 후 '여기에 번호가 있다.'며 내민 표를 보니 15번이었다. 좌석을 알려드린 내게 은밀하게 다가와 "내가 글을 몰라서요."라며 낮게 속삭였다. 칠십이 넘어 보이는 할머니가 문맹이라는 사실은 그분들이 겪었을 질곡의 삶을 떠올리면 특별한 일이 아니었다. 게다가 숫자를 읽을 수 있다 해도 노안일 연세일진대 굳이 그것을 귀띔해 준 사실이 도리어 민망했다. 어서 자리에 앉으시기를 권했다.

승차 시간이 5분쯤 남아 있을 때 할머니는 밖으로 나갔다 다시 제자리 돌아오기를 반복했다. '할머니가 가만히 앉아 계셔야 출발한다.'는 운전기사의 다소 강경한 말투에, 의외의 큰 소리로 대답했다.

"내가 차 남바(넘버)를 외워야 휴게소에서도 잘 찾아온단 말이요."

무언가를 내던지듯 대꾸하더니, 출발 직전까지 다시 한 번 밖으로 나가 버스의 앞부분을 살펴보고 왔다. 자신이 숫자를 읽을 수 있다는 것을 우회적으로 표현한 것이리라. 잠시 혼란스러웠다. 할머니의 자존심은 다른 승객에게 자신이 문맹이라는 사실을 감추고 싶었을까. 이윽고 차는 강남터미널을 빠져나갔다.

영화 〈더 리더, The reader〉가 떠올랐다. 우리나라에서는 〈책 읽어주는 남자〉로 번역되었다. 당시 아카데미 영화상을 뜨겁게 달구었던 이 영화는 낯선 설정으로 시작된다. 30대의 여인과 10대 소년의 우연한 만남은 연인 관계로 발전한다. 그들은 만날 때마다 소년이 책을 읽어주었다. 여인의 청에 의해서였다. 두 사람은 샤워하고 섹스하고, 나란히 누워있기를 의식처럼 반복하며 만남의 시간을 채웠다. 이렇듯 세간의 상식을 깰 만한 과감한 스토리는, 아름답게 연출된 볼거리를 생략하고 사실적인 장면만으로 채워졌기에 두 사람의 관계만이 더욱 도드라져 보였다. 그러나 여인은 한마디 말도 없이 뜨거운 여름 한 철 마음을 다해 사랑했던 소년을 떠난다. 법대생이 된 소년은 훗날 전범을 다루는 법정에서 그녀를 만난다. 소년의 생애를 흔들었던 강인하고 관능적인 아름다움을 발산하던 로맨스의 주인공은, 60대의 나약하고 초라한 피고인으로 전락한 것이다. 여인은 문맹으로 인해 세상에 대한 이해의 폭이 좁아 고립된 상태였다. 그녀는 2차 대전을 겪으며 상사의 지시대로 업무를 수행했으나 동료들은 그녀에게 죄를 전가하며 자신들이 빠져나가기에 급급했다. 그녀는 모든 죄를 홀로 뒤집어썼다. 자신이 문맹이라는 사실을 감추기 위해 법정에서 끝내 불리한 증언을 고집해 결국 종신형을 선고받았다.

영화는 역사적 비극 속에 버려진 한 여인과 소년의 진정한 사랑의 무게만을 담고 있지 않았다. 내게는 그들이 직면한 진실과 소통과정에서 겪어야 했던 고통도 안타까웠으나, 문맹을 수치로 여긴 여인의 자존심이 더욱 깊이 각인되었다. 여인은 누구에게도 자신이 문맹임을 발설하고 싶지 않았으리라. 그것을 감추기 위해 저지르지도 않은 중죄를 부인하지 않았다. 문맹임을 자백했더라면 영화의 스토리는 성립되지 않는다. 전쟁에 희생된 여인의 일생이기보다는 자존심을 지키기 위해 문맹이라는 자신의 치부를 드러내지 않으려 했던 인간의 소리 없는 절규로 다가왔다. 소통이 단절된 인간관계 속에서의 여인의 고집은 자존심과 수치심의 또 다른 페르소나였다.

버스는 정안 휴게소에 이르렀다. 강남터미널을 출발한 지 두 시간 남짓 되었으나, 할머니는 결국 휴게소에서 자리를 뜨지 않았다. 고개를 돌려 할머니의 좌석을 자꾸 바라보았다. 할머니는 긴 여행에도 잠을 청하지 않고 창밖을 바라보았다. 할머니의 옆모습이 불안해 보인 것은 나만의 착각이었을까.

좋은 나이

　안양천 산책로에 스타가 나타났다. 흰 트레이닝복 상하에 중절모, 흰 운동화까지 갖춘 그의 모습은 흰 양복의 백구두 신사로 보였다. 바닥의 탄성매트도 더러는 삼투압을 하는지 비 갠 후라 물오른 초록이 선명했다. 그의 흰 옷은 초록색 바닥과 대비되어 한결 산뜻했다. 팔십 남짓으로 보이는 그가 별안간 노래를 시작했다.
　"야~ 야~ 야, 내 나이가 어때서."
　누가 뭐란 적도 없었으나 따지듯이 노래를 이어나갔다. 자신이야말로 '사랑하기 딱 좋은 나이'라며, '딱'에 강한 악센트를 주었다. 홀로 조용히 산책하는 이들이 대부분인지라 그의 등장은 생소했다. 사람들은 흥얼거림이 아닌 본격적인 노래에 걸음을 멈추었다. 그들의 시선을 의식한 그의 구성진 목청이 한껏 탄력을 받았다. 새로울 것 없는 눅눅한 일상을 거풍시키던 느린 풍경에 잠시 활기가 돌았다.

객석을 향한 무대 매너도 예사롭지 않았다. 아래에 있는 축구장을 향해 야외무대인 양 적절한 제스처를 구사했다. 흥에 겨워 스스로 재생 버튼을 눌러대는지 서너 번을 불렀는데도 노래는 멈추지 않았다. 처음엔 '심심하던 차에 웬 구경거리?' 하는 표정으로 바라보던 이들은 가던 길로 향했다.

그때였다. 벤치에 앉았던 비슷한 연배의 안경 낀 노인이 "노래방에 갈 일이지, 조용히 운동하는 사람들에게 뭔 피해냐."며 핀잔을 주었다. 흰 트레이닝복 신사는 무안해하기는커녕 "복지회관에서 장기자랑이 있는데, 연습할 곳이 없다."며 거리낌 없이 답했다. 말을 꺼낸 축이 도리어 민망했는지, 안경 낀 노인은 절 보기 싫은 중이 되어 벤치를 버리고 총총히 걸음을 옮겼다.

최근 중국에는 이상한 규정이 생겼단다. '나이 든 여성은 무릎 밑으로 최소 3㎝ 내려오는 치마를 입으라.'는 것이다. 베이징에서 열리는 APEC 정상회의를 앞둔 야릇한 문명 캠페인은, 새치기나 침을 뱉지 말 것, 기차에서 신발을 벗고 발을 올리는 행위 등도 포함되는데, 중국을 떠올리면 이해가 된다. 그렇지만 나이 든 여성의 치마 길이 규정은 납득할 수 없다. 나이 듦의 기준을 무엇인가. 살기 좋은 나이, 죽기 좋은 나이가 따로 없듯이, 치마 입기 좋은 나이는 없다. 스스로의 판단에 의해 개성대로 입으면 그뿐이다.

매사에 적령기는 있는 것일까. 나이는 그야말로 숫자이며, 눈금이나 잣대가 아니다. 지금 아니면 무언가를 할 때는 언제란 말인가. 모든 나이는 때마다 절정이며, 그 나름대로 의미가 있다. 그때의 아름다움을 모를 뿐이다. 그렇다면 적령기란 바로 지금, 그 일을 하고 싶은 때가 아니겠는가. 미켈란젤로는 80세에 〈시스티나 성당 벽화〉를 완성했으며, 베르디가 〈아베마리아〉를 작곡한 때는 85세였다. 그 뿐 아니다. 소설 《눈 먼 자들의 도시》를 쓴 주제 사라마구가, 세상과의 격렬한 논쟁을 각오한 소설 《카인》을 발표한 것은 86세였다. 만년의 그들은 그것을 하기에 좋은 나이였기 때문에 걸작을 남길 수 있었을까.

노인의 노래는 "내 나이가 많은데 사랑할 수 있을까."라는 심정의 역설적 표현으로 들렸다. 젊은이들은 공공 장소를 막론하고 말로는 모자라는지 스킨십을 나눌지언정, 자신들이 '사랑하기 좋은 나이', '공부하기 딱 좋은 나이'라며 우격다짐하는 것을 듣지 못했다. 그렇다고 그들의 나이에 시비를 거는 이도 없다.

한강을 향해 걷다 보니 그의 노래는 더 이상 들리지 않았다. 아직 노래자랑이 끝나지 않았다면 그는 나이 예찬에 공을 들이고 있으리라. 유독 사람들만이 나이 견주기를 일삼는다. 나이에 연연하거나, 나이에 비해 젊어 보이거나 나이 들어 보인다는 말에 일희일비一喜一悲할 일도 아니다. 젊게 보인다는 말은 늙었다는 말의 다른 표현이니까.

나이의 경영은 개인적인 일이다. 나이는 먹는 것이 아니라 포도주처럼 익어가는 것이다. 나무는 나이테가 많음을 드러내지 않으며, 어린

나무일지라도 푸르기는 마찬가지다. 나무는 그것을 내세우기보다 속으로 새길 뿐이다. "나이에 관한 한 나무에게 배우기로 했다."던 시인처럼 나이에 대해 침묵해도 그만이다.

   지금의 나는 어떤 나이인가. 늙지도 젊지도 않은 지금이야말로, '좋은 나이'에 대해 수필을 쓸 만한 나이가 아닐까.

열차가 달려온다

그날도 안양천을 걸었다. 신도림역에 멈춘 열차는 긴 몸을 부리고 있었다. 인천이나 천안으로 향하는 1호선 전철일 것이다. 녀석은 승객들이 타고 내리는 틈을 타서 거친 숨을 몰아쉬며 잠시 호흡을 고르는 중이었다. 지상의 역사驛舍는 사람들로 북적거렸다. 저곳에서 전철을 기다릴 때면 나지막이 보이는 산책로를 느리게 걷는 이들의 여유가 부러웠다. 그러나 이렇듯 산책로를 느리게 걸을 때면 저들의 분주함은 나와는 무관하게 느껴졌다.

도림교 밑을 지날 때, 마침 전철이 다리 위를 지나는 소리가 들렸다. 녀석의 육중한 몸체와 교각이 무너져 내릴 듯한 소음에 지축이 흔들렸다. 나도 모르게 몸을 움츠렸다. 녀석의 의지와는 무관한 일이겠지만 피하고 싶은 구간인지라 걸음이 빨라졌다. 빈곤과 암울함을 연상시키는 '다리 밑'에 대한 선입견과 천변의 고약한 물비린내도 한몫을 했다. 그럼에도 불구하고 그 길을 택한 이유가 있었다. 그곳을 지나면 키를 넘은 억새 군락이 나를 향해 열병식을 했고, 개망초며 구절초가 만발한 언덕이 기다렸다.

구로를 향해 다시 달리기 시작한 전동차의 소리가 나를 흔들었다. 비가 갠 뒤의 청명함 때문이었을까. 여느 때와는 느낌이 달랐다. 폐부를 관통하는 기계음에 정체 모를 쾌감을 느꼈다. 내 가슴에 뚫린 직선 도로에 무언가가 순식간에 통과한 듯한 카타르시스였다.

오래 전 미술관에서 보았던 그림이 떠올랐다. 멕시코의 화가 '프리다 칼로'가 그린, 가슴을 둥글게 도려낸 여인이 정면을 응시하는 작품이었다. 그 섬뜩한 화폭이 재연되는 착각에 빠졌다. 삶 자체가 고난과 투병, 갈등의 연속이었던 화가에게 삶이란 가슴을 도려내는 고통에 버금가는 것이 아니었을까. 아니면 삶의 중압감을 분산시키기 위해 가슴에 구멍 하나라도 내지 않고서는 버틸 수 없었으리라.

전동차가 저만한 소리도 지르지 않고 어찌 앞으로 나아갈 수 있으랴. 10량을 넘나드는 긴 몸과 수백 톤에 달하는 차체의 무게, 그것은 측정이라도 가능하다. 녀석은 하루에 수백 만의 승객을 싣고 내달린다. 고성능 전자저울로도 계측할 수 없는 일상에 짓눌린 승객들에게 주어진 삶의 무게는 어떠한가. 제각각 직립 보행이 가능할 만큼의 등짐을 짊어진 이들이 앉거나 서서 차내를 가득 메우고 있을진대,

저만한 소리로 달리는 것이 도리어 기특하지 않은가. 갑자기 전동차의 소음에 관용을 베풀려는 것은 주제넘은 일일까.

 이제는 그 소리가 기껍다. 예전에는 산책길을 나설 때마다 소음을 피하여 이어폰을 끼곤 했으나 이제 소음을 피하지 않을 것이다. 녀석은 건강하다. 무거우면 무겁다고 소리치는 이의 정신은 그렇지 않은 이보다 건강할지니. 승강장 위에서 그것을 기다릴 때면 미진微震으로 주변을 흔들다가 커다란 해일로 돌변하여 달려들지라도 외면하지 않으리라. 가늠하기 어려운 중력을 숙명처럼 안고 돌진하는 전동차를 기꺼이 받아들여야지.

내 사랑 다이어리

　서랍도 열어보고 책장도 살펴보았다. 교무실에 들르는 교사들에게도 빠짐없이 물었다. 내 다이어리 못 보았느냐고. 그러나 어느 곳에도 없었다. 하루에도 몇 번을 들추며 분신처럼 맴돌던 것이 사라졌다. 그곳에 남겨둔 기록들은 오후 회의에서 당장 참고할 것이라 난감했다. 어디선가 '나 여기 있소!' 하며 나타날 것만 같았다.
　출근 후에 보이지 않았다는 생각에 어제 오후를 떠올려보았다. 작심하고 책장에서 자리만 차지하던 해묵은 연수 자료며 불필요한 책자들을 정리했던 기억이 났다. 부랴부랴 분리수거장에 가보니 비어 있었다. 부지런한 할머니가 다녀간 뒤였다.
　다이어리를 폐휴지함에 넣을 리 만무했지만 '혹시나' 하는 마음에 할머니에게 전화를 걸었다. 마침 부근에 있었다며 단숨에 달려왔다. 다이어리의 표지 색깔 등을 일러주며, 폐지 더미 속에 비슷한 것이 있었는지 물었으나 고개를 갸웃했다. 그러더니 가져간 박스는 다행히 그대로 있다며 가까운 당신 집으로 데려갔다.

그곳은 할머니만의 왕국이었다. 두세 대 주차가 너끈할 만한 공간에 폐지가 차곡차곡 쌓여 있었다. 한쪽에 놓인 상자들을 가리켰다.

"저눔 세 상자 중에 있을 거구만유-."

상자를 가운데 두고 할머니와 마주 앉아 뒤적거렸으나 다이어리는 보이지 않았다. 두 번째 상자에서도 찾지 못하자, 할머니는 아예 돗자리를 펴고 상자를 쏟았다. 그제서야 검은 표지에 금박으로 박힌 '2016'이 씩 웃었다. 네 개의 숫자가 어깨동무를 하며 안도의 숨을 쉰 것 같기도 했다. 녀석도 내심 걱정이었던 모양이다. 무생물인 다이어리가 그렇듯 정겨워 보이기는 처음이었다.

할머니는 묻지도 않은 말을 조곤조곤 이어갔다. 그곳에 모아두면 한 달에 두어 번 트럭이 가져간다며 뿌듯한 표정을 지었다. 재활용품을 모아두는 공간을 저렇듯 완벽하게 정리해 놓을 수 있을까. 집주인이 사용을 허락했다는 사실에 수긍이 갔다. 나는 그곳에 간 목적도 잠시 잊고 할머니만의 공간이 주는 독특한 분위기에 빠졌다. 재활용품을 수거해 갈 때마다 지친 표정으로 고맙다는 말을 빠트리지 않았던 왜소한 할머니는 자신의 영역을 굳건히 다진 생활인이었다. 다이어리를 찾은 기쁨도 잊은 채, 그녀 삶의 진면목을 들여다본 것이야말로 작은 수확이었다.

　다음 날 할머니는 부러 찾아와 환한 얼굴로 말했다.

　"공책 찾아 다행이시지? 다음에도 그런 일 있스믄 말만 해유."

　나는 손 글씨에 대한 애착으로 핸드백에는 언제나 수첩과 필기구가 담겨 있다. 딸이 학생일 때는 매달 용돈을 받을 때마다 엽서만 한 얇은 노트를 선물해 주곤 했다. 크기도 작아 안성맞춤이던 그것의 용도는 다양했으나 몇 년 전부터는 노트를 선물하지 않는다. 제가 사용하지 않으니 나도 스마트폰의 메모 기능을 즐겨 쓰리라고 생각하는 것 같다.

　얼마 전 세련된 하얀 펜이 장착된 스마트한 폰을 구입했다. 간단한 메모는 기록과 보관이 용이하여 쓰임새가 많으리라 생각했다. 예상대로 녀석은 스마트했다. 지우개 기능까지 있으니 그저 놀랄 뿐이었다. 요긴한 메모부터 입력했다. 몇 개의 아이디와 비밀번호 등 요긴한 메모부터 입력했다.

　그러나 녀석이 마냥 스마트한 것만은 아니었다. 몇 달 후 검색이 느려지더니 연결이 되지 않아 수리 센터를 찾았다. 기사는 수신 기능 문제라며 '초기화'를 해도 되는지 물었다. 그게 별것이겠냐는 단순한 생각에, 연락처와 사진만 남겨두면 된다고 말했다.

　다음 날 휴대폰의 노트를 열어보니 저장된 메모가 사라졌다. 당장 열차 예매를 위해 필요한 코레일 멤버십 번호며 비밀번호도 날아갔다. 어딘가에 둔 멤버십 카드를 찾을 수도 없었다. 신기종으로 바꾸며 노트 기능을 활용한다며 잡동사니들을 저장해 두지 않았던가. 등줄기가 후끈했다. 그놈의 '초기화'가 그런 결과를 가져올 줄이야. 나의 무지함을 탓하기보다는 스마트폰이 전지전능하다는 생각을 버리는 쪽이 편했다.

'e-book'의 이점을 모르는 바 아니지만 어쩐지 책과 메모는 종이라야 제 맛이다. 전자책으로는 공감한 대목에 밑줄을 그을 수도, 책장에 꽂아두고 책등과 눈맞춤할 때의 뿌듯함도 맛볼 수 없으리라. '초기화'라는 버튼 하나로 초토화되어버린 스마트폰이 범접할 수 없는 종이의 위력을 아는가.

종이의 전생은 나무였다. 한때는 광합성에 열중하며 태양을 흠모하였으리라. 우듬지는 하늘을 향해 솟아오르며 잎을 키우고 가지를 여물게 했으리라. 거친 비바람을 견디는 인내를 지름 중심부에서부터 다소곳한 나이테로 키웠으니 고난의 세월을 견디는 지혜도 지녔다.

나는 오늘도 다이어리를 편다. 아름드리 수목의 환생, 그것의 용도는 시간 관리를 떠나, 일상의 인도자다. 피할 수 없는 일정들이 쌓여 삶이 된다. 그것이 없다면 망각과 실수의 연발로 삶의 일상은 엉망이 되어버릴 것이다. 의식이 건재하는 한 메모거리는 무궁무진하다. 아니, 언젠가는 사고의 명료함이나 기억이 아스라해진다 해도 쓰는 행위야말로 나와 세상의 요긴한 소통 창구로 남을 것이다.

연말이면 상큼한 새해의 아라비아 숫자가 박힌 우아한 장정의 다이어리를 만나는 것이야말로 큰 즐거움이 아닌가.

천막 극장

 광화문 앞, '시민 열린마당'을 거닐었다. 얼마 전 이곳에서 불꽃으로 타오르다 산화散華한 천막 연극 〈들불〉의 장면들을 떠올렸다. 그날의 촛불은 꺼졌고 배우들의 열연도 사라졌지만 쉽사리 발길을 돌리지 못했다. 그들의 절규가 자꾸만 환청으로 맴돌기 때문이었다.

 그날, 밤이 이슥해지자 삼삼오오 사람들이 모여들었다. 때는 4월 초순이었으나 뒤늦은 꽃샘바람으로 검은 천막이 요란하게 펄럭였다. 지름 20미터, 높이 6미터에 달하는 정체불명의 가설극장은 내 유년 시절의 동춘 서커스의 지붕만큼 높지는 않았다. 수백 개의 티셔츠로 장식한 무대 배경과 그곳만의 독특한 분위기로 보아 파격적인 실험

극이 펼쳐질 것 같았다. 기대감도 컸지만, 천막 사이로 파고든 찬바람을 막을 수는 없었다.

〈들불〉은 일본 극단 '독화성'이 광주의 놀이패 '신명'과 공동 기획한 천막 연극이었다. 흔히 연극은 긴 시간 준비해 연속 상영 하지만 그들은 한 장소에서 오직 한 번의 공연을 위해 수 개월을 준비한다. 완성도 높은 단 한 번의 공연 후 천막을 해체한다는 그것의 본질이 선뜻 이해되지는 않았다.

그들은 2011년 방사능 유출 사고 이후 후쿠시마 재해민 대상의 공연을 펼쳤다. 그 자리에서 "오메데토 고자이마스(축하합니다)"라는 인사로 시작했다니 관객들은 무척 당황했으리라. 삶이 파괴된 피해자와 함께 목 놓아 울지는 못할망정 어떤 의도로 그런 메시지를 전했을까. 그들의 인사는 '재해지에서 인간 생존과 자본주의가 대결하는 원점으로 돌아갔으니, 소비와 대중문화사회로써 전형적인 장소인 일본에서 그것들이 파괴되고 동요하는 것을 보고 재해를 사상적 전환점으로 삼아 같이 몰락하자.'는 의미였단다.

그렇다면 나 역시 그들의 몰락에 초대받은 것이다. 후쿠오카의 방사능이 묻어 있음직한 천막에서 이제 그들 몰락의 증인이 되어야 한다는 사명감마저 들었다. 낙엽처럼 흔하게 떠도는 '희망'이라는 달달한 어휘보다 '몰락'이라는 비장한 제안이 더욱 마음에 와 닿았다.

4장으로 이루어진 극이 시작되자 시간에 대한 고정관념은 깨졌다. 1948년 팔레스타인과 1980년 광주, 2011년 후쿠시마가 중첩되는가 하면, 갱도에 갇힌 칠레의 광부와 일제강점기 인도네시아로 징집된 조선인, 종일 서서 일하는 김밥가게 아르바이트 점원까지. 상식적으로 동시대에서 만날 수 없는 이들이 천막이라는 야릇한 공간에서 저마다 외쳤다. 시공을 초월한 사건들이 자유롭게 출몰하더니 불꽃으로 만개하고 충돌했다. 극중 인물들의 기억은 사슬로 이어져 무언가에 홀린 듯한 장소에 모였다. 그들의 소통에 공감하면서 나의 혼돈은 세포분열의 속도로 확산되었다.

〈들불〉의 연기자들은 대본 재연에 큰 의미를 두지 않았다. 일본과 한국 배우가 각각 모국어로 연기했으나 감상에 걸림돌이 되지 않았던 점도 신기했다. 일본어를 알아듣지 못했으나 벽면의 자막에 의존하지 않더라도 극의 의미 전달에는 문제가 되지 않았다. 혼신을 다한 배우들이 조직사회의 정교한 톱니바퀴의 부품으로 맞물려, 비정규직 노동자와 억울하게 희생된 많은 사건의 영령들로 거듭났다. 객석을 흡인한 그들의 열연에 기존의 상식과 관습은 해체되고 파괴되었다. 내 자의식의 위기를 눈치 챈 배우들의 열연은 클라이맥스를 향해 내달렸다.

드디어 마지막 장면에서 장애인 청년이 달려 나왔다. 환한 불빛 아래 흰 꽃잎을 맞으며 춤을 추다가 "내가 여기에 있다."라며 절규할 때는 내 팔에 소름이 돋았다. 그곳의 존재를 각인시키려는 듯 그가 무대로 달려 나가자, 순간 무대 배경이 둘로 갈라졌다. 덩달아 관객도 천막을 버리고 나갔다. 촛불이 밝혀진 야외 광장에는 배우들이 모여

기다리고 있었다. 배우와 관객이 하나가 되어 삶의 톱니바퀴에 맞물린 소모품임을 서로 확인하며 하나가 되었다. 그들과 포옹했을 때 바람은 더 이상 차갑지 않았다. 마주잡은 손도 뜨거웠다. 나 역시 그들처럼 소모되는 존재임이 다행스러운 밤이었다. 밤하늘 아래 흩날리던 촛불의 향연은 암담하고 무거웠던 천막의 분위기를 한 큐에 날려 버렸다.

 삶은 빈 들판에 천막 하나 세웠다가 거두어들이는 것, 가진 것도 아는 것도 많은 현대인들은 아이러니하게도 유랑민의 삶을 살고 있다. 그렇다면 천막 연극의 속성이라 할 수 있는 일회성이야말로 노마드로 표방되는 현대인의 삶의 양식에 근접한 공연 형태가 아닐까. 극중 인물들은 모두 자본주의의 소모재였으며 배우 역시 그들의 열정을 소비하고 있었다. 지금껏 내가 소진한 젊음과 감정, 화폐까지도 소모를 전제로 존재했다면 삶이야말로 지루한 소모전이 아닐까. 바깥 세계의 현실을 허구로 만드는 천막의 묘한 마력에 빠져들수록 나를 억압했던 무언가가 용틀임했다.

 공연 전 마음에 담았던 몇 개의 물음표는 곧게 뻗은 세종로로 흩어지더니 형체도 없이 산화했다. 물음표 대신 느낌표를 한 다발 껴안은 밤이었다.

생활의 달인

 스크린 도어가 스르륵 열리자 서둘러 지하철을 탔다. 서 있는 사람들이 있어 빈자리를 기대하지 않았는데 두 자리가 비어 있었다. 의외였다.
 가까이 가서야 이유를 알았다. 빈자리 가운데에 다리를 V자로 벌린 남성이 앉아 있었다. 팔에는 용인지 뱀인지 불분명한 파충류가 뒤엉켜 있었다. 남자의 팔을 휘감은 문신은 미끄러질 듯한 생동감과 정교한 음영으로 보아 공들인 수작秀作임이 분명했다.
 용기 없는 소시민들은 용 문신의 사나이 옆에 앉을 엄두가 나지 않았으리라. 사내의 양쪽 옆 자리는 비어 있는 채로 사당역을 지나고 있었다. 양 옆자리를 일부 침범한 그가 세 자리를 차지한 셈이었다.

그제 아침의 일이 떠올랐다. 출근 중 버스가 커브에서 멈췄다. 서창 2지구로 향하는 길목이었다. 도로는 왕복 2차선인데 대형 버스는 평소에도 반대편 차선을 침범해야만이 우회전이 가능한 길이다. 버스 기사는 지체할 수 없다는 듯 클랙슨을 눌러댔다. 지나가던 중학생이 자전거를 멈추고 쳐다보았다. 아침 햇살을 묵묵히 즐기던 플라타너스 잎도 놀란 듯 진저리를 쳤다.

비로소 승객들도 차창 밖을 내다보았다. 흰색 재규어 승용차가 커브에 멈추어 있었다. 주차지점과 보도블럭이 깔린 인도까지는 거리도 넉넉해서 다른 차량에 대한 배려는 없어 보였다. 인도에 바짝 정차했다면 가까스로 빠져나갈 수 있을 것 같았다. 주차 중인 차에는 운전자가 없는 것도 아니었다. 버스 기사가 참을 수 없다는 듯 클랙슨을 다시 누르며 일어섰다. 운전석을 박차고 나갈 기세였다.

그때 재규어 운전자가 용 문신이 화려한 팔뚝을 창밖으로 내밀더니 담뱃재를 느리게 털어냈다. 재가 허공으로 분사되었다. 순간 버스 기사는 차 문을 닫고 운전석에 앉았다. 내가 앉은 앞자리에서는 승용차의 운전석과 조수석이 내려다보였다. 조수석에 앉은 아가씨의 다리가 눈부셨다.

차 내에 짧은 정적이 감돌았다. 갑작스런 상황에 놀란 것을 우리 쪽이었다. 어느새 '우리'라는 어휘로 묶일 만큼 청년을 향한 반감으로 결속되었을까. 버스 운전자는 주춤하더니 비상등을 켜며 핸들을 왼편으로 꺾었다. 노란 차선을 넘었다가 다시 오른쪽으로 급회전하여 가까스로 제 차선으로 들어섰다. 그동안 반대편의 차량들은 기다려 주었다.

버스 기사는 아무 일도 없다는 듯 가던 길을 달렸다. 겉으로는 내색하지 않았으나 묵직한 기사의 뒷모습은 많은 표정을 담고 있었다. 이런 일은 순간을 참고 넘기는 것이 상책이라는 직업인의 노련한 처세였을까. 겉으로 보기에는 평화가 찾아온 듯했으나 가끔씩 지나친 공감 능력을 발휘하는 나의 오지랖은 버스 기사의 마음에 소용돌이 칠 울분을 떠올렸다.

그 아침 상황에 걸맞지 않게 백석의 시 한 줄을 떠올렸다. 시인이 사랑과 함께 산골로 간 이유가 세상이 더러워 버리는 것이라 애써 위안하던 대목이었다. 시인이 세상을 더러워 버리고 말았듯이, 버스 기사도 청년이 무서워서가 아니라 치사해서 피해간 것이라 믿고 싶었다. 그는 하루라는 삶의 페이지를 무사히 넘긴 자신을 우격다짐으로 위로하고 있는 것만 같았다.

버스 기사는 그 아침 마음속에서 한 편의 단편 소설을 썼으리라. 도로를 무단 점거한 채 대중교통 운행을 방해한 문신 청년과 다툼 발생 시 감당해야 할 번거로움을 피하고 싶었을 것이다. 상식적인 대화가 가능한 상대였다면 그런 몰지각한 행동은 애초에 하지 않았을 터, 시비가 확산된다면 결국 회사가 중재에 나설 것이고 그는 대중교통 기사라는 신분 때문에 부당한 상황을 감수해야 하리라. 문신 청년이 고의적으로 문제를 확대시킨다면 급기야 경찰서에 오고 가게 될지도 모른다. 일을 하지 못한 만큼 수입도 줄어들 것이다.

버스 기사는 상대방의 부당한 처사에 무력한 회피로 대처했다. 그로 인해 맛보아야 했던 비굴함과 멋쩍음을 견디면 하루의 안위가 보상으로 주어진다는 현실을 직시했으리라. 나는 그의 소심하지만 현명한 대응에 공감하며 비굴함의 강한 연대를 느꼈다.

지하철에서 소시민의 공포심을 유발한 청년과 대중교통 운행을 방해한 두 사람의 문신은 공공장소에서도 통하는, 소리 없는 힘이고 권력이었다. 때로 문신의 위력은 판매를 강요하는 도구로 작용한다. 그것에 지레 굴복한 나약한 군상은 그들의 욕망을 엿보는 자체만으로도 불편하다. 그 점이야말로 문신이 의도한 일차적인 효능일지도 모른다.

문신을 하기 위해서 감내했을 고통에 대해 생각해 보았다. 그들은 문신이 강요되는 특정 집단의 요구에 응한 것일까. 조직의 욕망이 문신이라는 공통분모로 동일화되었다면 문신은 피부 위에 새겨진 단순한 무늬가 아니라 그들 정신의 무늬, 의식의 주름으로 각인되었을 것이다. 그들에게 있어 문신은 욕망을 결속시키는 증표이리라.

버스 기사는 타자화 된 나, 굴절된 내 모습을 비추었다. 일상에서 예고 없이 맞닥뜨리는 자잘한 일들은 기다렸다는 듯 나의 비굴함을 받아들이고 해결되는 경우가 있다. 팽배한 개인주의와 가족 이기주의, 그릇된 모성은 자기중심적인 지나친 요구를 보육기관에 휘두르는 경우가 있다.

보육기관이나 담임교사에게는 명백한 과실이 없는 상황일지라도 수요자 만족을 우선해야 하므로 그런 고비를 맞을 때마다 현실의 모습에 울분을 삼키며 갈등의 확산 방지를 위해 서둘러 수습한다. 이쯤 되면 나야말로 생활의 달인이다. 오래전부터 생활이 나를 속이곤 했으나 그럴 때마다 슬퍼하거나 노하지 않았다. 갈등의 적절한 갈무리와 감정 조절이야말로 생활의 달인이 되는 지름길이다.

버스 기사는 묵묵히 상황을 견디었을 뿐 어떤 종류의 능동적 행위를 취한 바 없다. 그러나 비루한 자기 합리화일지라도 나는 그에게 생활의 달인이란 작은 명찰 하나를 달아 주리라.

자본의 음습한 대기를 마시며 생존하는 사람에게 비겁함의 강물에 발목을 적시지 않고 건널 만한 강이 있기는 할까.

감정의 수납방식

환절기엔 기온이 널뛰기를 한다. 봄, 가을은 오다가 꼬리를 감추어 버리기 일쑤다, 우리나라의 계절이 초여름-여름-초겨울-겨울의 4계季로 바뀌었다는 우스갯소리마저 떠돈다. 출근 시에 히터를 가동하던 지하철이 퇴근 때면 에어컨을 켜기도 한다.

계절이 바뀔 때면 작년에 입었던 옷들이 떠오르지 않는다. 철지난 옷으로 거리를 누빈 기억이 없는 것으로 보아 계절에 맞는 무언가를 걸쳤음이 분명하다. 아이쇼핑만 하려는 마음으로 지나치다가 눈에 들어오는 옷가지라도 하나 사오면, 그 비슷한 것이 옷상자에서 비죽이 바라보고 있다.

이런 사태를 막기 위해 모처럼 여유로운 휴일을 맞아 간절기 옷들을 정리했다. 성급하게 주먹구구식으로 해놓으면 변덕스런 날씨로 다시 꺼내야 할 때마다 곤란을 겪곤 한다. 여섯 개의 수납 상자를 늘어놓고 분류했다. 라벨까지 붙이고 나니 김장이라도 해치운 듯 뿌듯했다.

산책을 나섰다. 근래에 바뀐 환경에 해야 할 일은 산더미여서 마음은 늘 바쁠 수밖에 없다. 풀어야 할 일은 얽힌 실타래처럼 어지럽다. 거리공원을 바장이다가, 빠르게 걸으면 바람결에 혼란스러움이 수습되려나 하는 생각에 속도를 냈다. 심장박동만 불규칙해질 뿐 걷는다고 해결될 일은 아니었다. 마음의 일들은 일목요연한 수납이 어렵다.

마음에도 수납장이나 서랍이 있다면 분리해두고 싶은 때가 있다. 책임과 공존하는 의무감은 매일 꺼내야 하므로 손길이 자주 가는 곳에 담아 두어야겠다. 고갈된 설렘은 스카프 서랍 바닥 한켠에 살포시 접어 넣어두는 게 좋겠다. 우울함이나 슬픔 같은 것은 손이 닿지 않는 높은 곳에 넣어둘까. 라벨 작업만은 정확해야 할 것 같다. 기쁨을 꺼내려는데 우울함을 열어버리는 누를 범하면 안 되니까.

싸목싸목 걸으며 생각한다. 감정을 수납한다는 것이 가능한 일일까.

제3부
서쪽 하늘

서쪽 하늘

가을의 문턱에서 양평 '세미원'을 찾았다. 연꽃 향이 가득했을 연못은 뒤늦게 핀 몇 송이만이 조심스레 고개를 내밀었다. 갈색으로 변한 연밥은 마른 몸으로 익어갔다. 팔당호가 둘러싼 정원은 가는 곳마다 물줄기가 나타나곤 했다. 그때마다 걸음을 멈추었다.

배다리 옆에 예전에 없던 기와집이 생겼다. 〈세한도歲寒圖〉를 실경으로 살려낸 '세한정歲寒庭'이었다. 화선지에서 나온 상상 속의 장면이었으나 고풍스러운 맛은 없었다. 둥근 창이 있는 건물 옆으로는 잣나무가 훤칠했다. 추사 선생에 대한 지조를 지킨 제자 이상적을 상징하는 나무였다. 그 옆의 휘고 부러진 나무는 추사 자신이라 했다던가. 지지대에 몸을 기댄 노송은 지친 기색이 완연했다. 그처럼 굽은 나무를 찾는 데 3년이 걸렸다는데 그 노력이 헛되지 않아 보였다. 전시관에는 〈세한도〉에 얽힌 사연이 전시되었다. 세한정은 '인간과 인간 사이의 보편적 가치관을 실천하는 장소'를 인위적으로 조성한 곳으로, 현대인에게는 자칫 진부한 가치로 여겨질 수 있는 의리를 다짐하는 곳을 설정한 착상은 부자연스러웠다. 그러나 조선 지식인의 핏속에 면면이 이어져 온 사연을 되살려 낸 것은 그 나름의 의미가 있었다.

선생은 권세에 아부하지 않고 지조를 지키는 것이 도리라고 믿었다. 그러나 세상 인심은 달라서, 유배된 그를 찾는 이들이 없었다. 유일하게 제자 이상적만이 중국에서 구해온 서적을 매번 추사에게 보냈고, 이에 선생은 사제 간의 의리를 추운 겨울의 소나무와 잣나무에 비유한 그림을 그렸다. 〈세한도歲寒圖〉는 노쇠한 선생이 세상을 향해 붓끝으로 날린 메시지였다. 고단했던 제주 시절의 선생에게 힐링은 송백松柏과 같은 제자의 의리였으리라.

그곳을 나와 두물머리를 향해 걷는데 몇 명의 젊은이들이 오버랩되었다. 2011년 오디션 프로그램 '슈퍼스타 K'에서 우승한, '울랄라 세션(Ulala Session)'이다. 특이한 이름을 가진 그룹의 등장은, 자고 나면 변하는 가요계의 판도를 생각하면 뉴스거리가 아니었다. 그런데 그들은 범상치 않았다. 당시 리더 임윤택은 위암 말기로, 어려운 시간을 함께 견디어 온 멤버들에게 마지막 선물로 오디션 참여를 결정했다. 그들의 음악을 세상에 알리고 떠나기 위해서였다. 그들은 우승했고 임윤택의 투병 사실도 명성을 따라다녔다.

'울랄라 세션'은 음악성도 빼어났다. 장르를 초월한 곡 해석과 완벽한 화음으로 가슴에 파고드는가 하면, 유머와 개성이 돋보이는 퍼포먼스로 무대를 채웠다. 신중현의 〈미인〉을 국악기와 조화를 이루어 퓨전으로 리메이크했으며, 그중에서도 이승철 원곡인 〈서쪽 하늘〉은 뭇사람들의 심금을 울렸다.

세상엔 가혹한 일도 많다. 그들의 인기가 거침없이 오르자, 네티즌은 쑥덕거렸다. 병색을 감추고 혼신을 기울인 무대 때문인지, 임윤택의 '위암 투병'의 진위 여부를 의심한 악성 댓글이 나돌았다. 말을 아꼈던 그는 진실을 증명하듯 지난 2월 세상을 떠났다. 아내와 돌이 된 딸을 남긴 그의 나이는 고작 서른둘이었다. 이제 세 명인 그들의 인사말은 "남성 4인조 울랄라 세션 인사드립니다."로 변함이 없다.

임윤택이 떠난 자리에 기적이 일어났다. 멤버들은 인터뷰에서 "형의 빈자리는 크지만 그럴수록 우리가 밝고 즐겁게 활동하는 게 맞다."며 눈시울을 붉혔다. 그런 아픔을 딛고 소아암 환아 치료를 지원했고, 임윤택 씨 딸의 양육비를 적립한다고 밝혔다. 그들의 훈훈한 결심은 세파에도 변함없기를 바라는 마음이다.

멤버들은 임윤택을 리더로서만 존경한 것은 아니었다. 그는 책을 통해 아이디어를 얻었고 글쓰기를 즐겼다고 한다. 《안 된다고 하지 말고, 아니라고 하지 말자》라는 제목의 책도 남겼다. '얼마나 사느냐 보다 어떻게 사느냐.'가 중요하다고 했던 그는 일회적인 생의 속성을 간파한 삶의 전문가였을까. 바람만 불어도 고개를 돌리는 인심을 생각하니, 짧은 생을 치열하게 살았던 그와 동료들의 이야기가 애틋했다. 빼어난 풍광이 감동을 주고 자연이 인간을 치유하는 것만은 아니리라. 사람의 일에 사람만큼 위안이 되는 대상이 있을까.

두물머리의 텃주대감인 느티나무 옆에 앉아 강을 독대했다. 남한강과 북한강은 물밑에서 누가 먼저랄 것도 없이 몸을 섞었다. 바람이 불자 건너편의 산이 일렁이는 강물을 핑계 삼아 앉은 채로 손을 내밀었다. 과묵해 보였던 산이 내게 다가오는 것을 보니 은근히 설레었다. 낮은 산과의 만남이 시작되었으나 떠나야 할 시간이었다. 왠지 모를 아쉬움으로 자꾸 뒤돌아보았다. 사람들은 이미 자리를 뜬 뒤였다.

서둘러 용산행 전동차에 앉았다. 팔당에 이르자 서쪽 하늘은 각혈이 시작되었다. 일락서산日落西山의 정경을 바라보며 나는 온몸이 노을에 물드는 황홀한 처절함에 젖었다. 차창에 가득 찬 노을은 청량리에 이르자 제 몸의 신열을 주체하지 못하고 고층 건물에 몸을 비볐다. 수직으로 견고하게 선 빌딩은 끝내 제 몸을 열지 않았다. 노을은 도심의 모든 직선과 함께 어둠에 몸을 섞었다.

  서쪽 하늘로 노을은 지고
  이젠 슬픔이 돼버린 그대를
  다시 부를 수 없을 것 같아
  또 한 번 불러보네

소리쳐 불러도 늘 허공에
부서져 돌아오는 너의 이름
이젠 더 견딜 힘조차 없게
날 버려두고 가지

- 이승철 작사, 「서쪽하늘」에서

　의리의 아이콘 '울랄라 세션', 그들의 노래가 내 귓전에 노을처럼 번졌다.

만선의 추억

　가끔 동암역 부근을 지날 때가 있다. 출근을 이용해 걷기를 작정한 그런 날이면 낡은 수레가 나란히 서 있는 풍경을 만난다. 고물상 옆의 인도를 따라 주차장처럼 정연하게 세워진 그것의 주인은 노인들이다. 현진건의 소설 〈운수 좋은 날〉을 연상케 하는 손수레지만 겉모양은 그로부터 진화했다. 고물의 적재 면적을 최대한 늘리기 위해 손잡이 아래까지 그물망으로 엮었거나 나무판을 덧댄 것이다. 대여섯 대의 수레는 비슷해 보여도 자세히 보면 각기 다르다.
　내가 그곳을 지나갈 때쯤에는 그들의 휴식시간이다. 도로를 누비며 새벽부터 모아놓은 것들의 무게를 재는 동안 리어카를 부려놓고 기다리는 것이다. 계량된 그들의 노동량을 포클레인이 마당의 구덩이에 토해낼 무렵 비로소 도심의 해가 뜬다. 노동의 대가는 미미할지라도 그들에게는 값진 순간이리라.

바로 옆 도로에는 저마다의 아침을 여는 자동차들이 질주한다. 노인들에게도 그런 시절이 있었다. 삶의 거친 바다에 작은 배를 띄우고 더러는 만선의 희열도 맛보았다. 때론 태풍이 모든 것을 휩쓸기도 했으나, 한 고비를 넘기면 잔잔한 바다가 아침 햇살에 반짝거렸다. 치열한 일터에 나설 수 있었던 힘은 따스한 불빛 아래서 그를 기다리던 가족이었다. 만선으로 항구에 들어섰을 때의 뿌듯함은 식곤증처럼 나른한 행복으로 밀려왔으리라. 그때만 해도 폐지를 모으며 불안정한 노년을 이어가리라는 짐작이라도 했을까.

이제 조업에 나서도 아침 바다의 반짝임은 사라졌다. 어둠이 채 가시지 않은 도심의 상가 골목을 순회할 때면 간밤의 소비와 향락의 흔적이 난무했다. 그곳에서 수집한 고물의 무게만이 그들의 관심사다. 가장의 권위는 사라졌고 건강도 잃었으나 배를 정박할 수는 없다. 노인의 리어카는 젊었던 날 만선의 기억을 추억하지만, 그런 여유는 호사일 뿐 내일도 쉬지 못한다. 노동을 위한 하룻밤의 충전이 있을 뿐이다.

어제는 출근길에 노인과 같은 방향으로 걸었다. 새벽녘 모은 폐지 등속을 고물상에 부리고 빈 수레로 또 길을 나서는 중이었다. 그들은 리어카와 함께 걷다가 신호등 앞에서 멈추었다. 신호 대기 중에 형광 연두색 조끼에 털모자를 쓴 노인이 나지막한 목소리로 말했다.

"아즈방, 강 옵서."
"잘 갑써양."

제주에서도 듣기 힘들다는 토박이 말이었다. 표정 없는 짧은 인사를 나누던 중 보행 신호로 바뀌자 한 사람만이 횡단보도를 건넜다. 토박이 말을 허물없이 주고받는 그들은 함께 고향을 떠난 이들일까. 사람은 서울로 보내야 한다는 말을 따라 제주를 떠났는지 모른다. 무슨 사연인지는 알 수 없었으나, 그들이 삶의 격랑을 넘을 때마다 제주의 푸른 바다가 넘실대곤 했으리라. 이제는 돌아와 노년의 여유로움에 젖어도 될 만한 이들이 더 이상 표류하지 않기를….

항구에 정박한 폐선은 여유로워야 마땅하다. 뱃전에서 나누던 술잔과 만선의 기쁨을 떠올리며 철썩이는 파도 소리에 귀 기울이는 일이 어울린다. 갈매기 몇 마리가 선미를 맴돌고 조업의 흔적들이 정물처럼 나른하게 널려있어도 좋으리라. 더는 바다에 드리울 수 없는, 폐선을 느긋하게 바라보며 분주했던 그날을 회상하는 일조차 즐거워야 하리.

얼마 전만 해도 지하철에서 배낭을 메고 차내를 누비는 노인들이 많았다. 그들은 선반 위의 신문을 앞 다투어 거두어갔으나 그조차 한때였다. 요즘 승객들은 스마트한 휴대폰의 뉴스를 보기 때문에 신문이 필요 없다. 고령화 사회로 빠르게 진입한 지금, 그들의 동업자는 나날이 늘어난다. 폐지를 앞에 두고 서로 다투는 노인들의 모습도 흔하다.

　그들이 헤쳐 나온 삶의 바다는 다채로웠다. 저마다의 역사를 거스르면 장서 분량의 궤적이 담겨있으리라. 대비할 수 없는 속도로 치닫는 우리 사회 고령화의 단면이라 결론지어버리기엔 왠지 쓸쓸하다. 머지않아 우리에게도 닥칠 그 시간은 어떠할까.

감정 과잉의 시대

무대에 심취한 관객들은 숨을 죽였다. 유랑극단 단장 '카니오'는 공연 직전 아내의 불륜을 목격했다. 그는 정신을 가눌 길이 없었으나 연기에 충실해야 하는 배우였기에 분장을 하고 무대에 올랐다. 쥐어 짜내듯 부르는 노래는 오페라 〈팔리아치(Pagliacci)〉의 하이라이트인 '의상을 입어라'였다. 터질 듯한 울분을 삼키고 연기에 몰입해야 했던 광대의 비애가 세종아트홀의 객석을 채웠다.

감정은 인간의 근본적인 본능이다. 배우와는 다른 경우지만 화를 억누른 채 억지로 웃어야 하는 근로자들이 많다. 하루 중 많은 시간에 걸쳐 친절이나 웃음 같은 특정한 감정만 보여야 한다면 고역이리라. '고객은 청중이고 근로자는 배우이며, 근로환경은 무대이다.'라는 비유처럼 그들의 친절은 감정 상태와는 무관한 업무일 뿐이다.

언제부턴가 감정노동(Emotional Labor)이라는 말이 자주 오르내린다. 상품화되어 버린 감정을 관리해야 하는 근로자들은 스트레스로 면역력이 약화되는 등의 부작용을 경험한다. 이러한 악순환에 심신은 피폐해져 장기 근무에 어려움이 많다고 한다.

일부 소비자는 직원들을 갑과 을 관계인 양 착각하고 사소한 불만을 확대하여 문제 삼는다. 돈만 내면 다른 사람의 인격을 지배하고 무시할 수 있다는 빗나간 소비자 권리 의식이다.

소비자라고 친절이 마냥 좋을까. 진정성이 결여된 과잉 친절은 부담으로 다가온다. 생면부지의 통신사 콜센터 직원은,

"사랑합니다. 고객님! 무엇을 도와드릴까요?"

라며 응답한다. 당황스럽다. 승무원들은 비행기가 착륙할 때까지 미소를 지으며 갖은 서비스를 제공한다. 식당이나 가게의 주인이 나를 환대하는 것은 진심으로 반가워서라기보다는 일종의 생존 전략이다. 자주 들르는 할인매장에서는 물건을 고를 만하면 방송이 나온다. 직원들에게 업무를 잠시 중단하고 주변의 고객님께 친절하게 인사하라는 지시를 한다. 쇼핑은 내가 찾는 물건이 있으면 그만이다. 적절한 가격이라면 더 바랄 나위 없다. 백화점 오픈 시간에는 발을 내딛기가 민망할 정도로 정중한 인사를 건넨다. 친절로 느껴지기보다는 친절해 보이도록 하는 영업 전략으로, 쇼핑에 방해가 된다는 기분마저 든다. 과잉친절이다.

감정노동이 상대방을 높이기만 하는 것은 아니다. 자신의 의지와 무관하게 상대방을 혹독하게 대하는 업무도 있다. 훈련소의 교관이나 대출 추심원 등은 감정과는 별개의 얼굴로 일을 집행해야 한다. 회사나 군대의 지침 때문에 어쩔 수 없이 상대를 비하하지만, 힘들긴 매한가지이리라. 요즘 방영 중인 군대체험 프로그램에서 소대장이 모자를 푹 눌러쓰는 것도 본심을 들키지 않으려는 장치이리라.

 현대인의 필수품은 상황에 적절한 페르소나가 아닐까. 대인관계에서 마땅치 않은 경우에도 자신의 입장을 표현하기보다는 페르소나를 내세워 적절한 관계를 유지한다. 대인관계에서 감정 조절은 필수이며 선의의 거짓말도 용납되기도 한다. 과잉 현상은 감정만의 문제는 아니다. 부모의 과잉보호는 자녀의 자립심을 약화시키는가 하면, 과잉 진압이나 과잉행동은 사람들을 불편하게 한다.

 가정도 예외가 아니다. 솔직하지 못한 감정 표현이나 정서조절을 감정노동에 포함시킨다면 가정을 포함한 세상사 전부가 감정노동의 장場이다. 자식의 행동이 못마땅해도 본심을 표현하는 일이 쉽지 않다. 오늘도 늦은 귀가를 먼저 알려주지 않은 아이에 대한 소소한 불만을 잠재운다. 대신 나의 페르소나가 고른 이모티콘을 곁들인 카톡을 보낸다. 이 또한 과잉 친절이다.

 고객은 소비자일 뿐 왕은 아니다. 소비자들이 사소한 불편에도 지나치게 대응하는 경우는 자신이 우월한 위치에 있다는 속물근성 때문인지도 모른다. 반면에 무덤덤한 소비자를 향해 친절로 부담을 안기는 기업도 있다. 이쪽은 지나친 친절을 강요받고 저쪽은 상대방의 의사와는 무관하게 친절이 넘친다. 부족함만 못하는 과잉의 시대를 살아가는 것도 쉽지 않다.

식물의 기다림

 다용도실 문을 여니 시큼한 냄새가 달려든다. 곰팡이 냄새까지 살짝 곁들여서다. 며칠 전부터 배회하던 냄새의 근원지를 찾는 일은 어렵지 않았다. 주황색 망網에 몇 개 남은 양파다. 차일피일 미루었으나 이제는 결단을 내려야 한다.
 칼을 대기도 전에 수분을 잃은 표피가 동그랗게 벗겨져 나왔다. 껍질 속에서 검게 변색되어 짓무른 것들도 있었다. 하얀 실뿌리가 자란 밑동을 싹둑 잘랐다. 세로로 내치니 두 동강으로 나뒹굴었다. 매운맛을 각오했는데 마른 몸에 창백한 얼굴로 나를 빤히 바라보더니 들릴 듯 말 듯한 소리로 속삭였다.
 "니가 내 속을 아니?"

한해살이인 양파가 자신의 속살을 옹송그려 그 틈에 무언가를 키웠다. 하루가 멀다고 돌아가는 세탁기의 소음과 볕이 들지 않아 침침한 곳에서 껍질은 물기를 내주고 짓무른 채 속으로 조심스레 키운 연둣빛 싹이다. 겉은 돌볼 틈 없이 흉했으나 표피 안의 여린 순은 누가 뭐래도 생명이었다. 남은 양분을 모아 몸 안의 것을 돌보는, 묵묵히 견딘 시간의 다른 모습이었다.

가끔은 양화진의 절두산 성지를 홀로 찾는다. 명분만을 좇는 세상일에서 잠시 벗어나고 싶거나 일상이 주는 현기증에 시달릴 때면 그곳에 간다. 때가 겨울이면 더욱 좋다. 선교사 묘역에 서서 이름이 낯설지 않은 이들의 비문을 읽어가다 보면 발아래 찰랑이는 한강의 물소리조차 그들에게 바치는 진혼곡으로 들린다. 복음 전파라는 사명 하나로 이역만리에서 죽음을 맞은 그들의 업적은 선교에 이은 우리 민족의 개화였다.

그곳에서 내려와 성당 뜰의 김대건 광장 앞에 서곤 한다. 겨울나무는 전신을 붕대로 감고 있다. 강바람을 맞으며 한 계절을 견디는 그들의 이름은 잎을 우렁우렁 매달고 있을 때 기억해 두지 않았기에 그냥 겨울나무다. 나무의 동의 없이 그렇듯 옥죄었을 리 없다. 누런 짚으로 정갈하게 싸여 군데군데 묶인 형상이 빗자루를 연상케 했다.

잠시 생장을 멈춘 나무의 체화된 기억은 한겨울 묵묵히 견디면 봄이 온다는 것을 알고 있을까. 절두산 성당의 겨울나무를 만난 후부터는 '목석같다'는 말의 의미를 나 혼자 바꾸어버렸다. 목석에서의 목木은 무감각하고 둔한 것이 아니라 홀로 인내하는 것이라고.

    삶은 견뎌야 하는 것들의 저장고다. 양파는 한 계절 추위를 견딤으로써 제 몸 안에 싹을 키우고, 겨울나무는 신록의 봄을 맞이했다. 이 봄을 위해 나는 무엇을 키웠을까.

비 내리는 날의 박석

안국역 부근에서 모임이 있었다. 북촌北村을 여유롭게 산책하기 위해 두어 시간 전에 집을 나섰다. 구름이 드리워진 날씨는 걷기에 안성맞춤이었다. 역에 내리니 비가 부슬부슬 내리기 시작했다. 양산을 우산 삼아 경복궁으로 향했다. 불현듯 비 내리는 고궁을 떠올린 것은 비 오는 날 근정전의 박석 구경이 일품이라는 누군가의 말이 생각났기 때문이다.

매표소에 이르자 빗줄기는 점차 굵어졌다. 서둘러 근정전에 들어서니, 화강암과 비슷해 보였으나 왠지 다른 느낌의 바닥재가 눈에 들어왔다. 박석이었다. 굳이 정사각형을 고집하지 않겠다는 듯 편안한 모습으로 깔려 있었다. 그것들의 표면은 잘 마른 통나무를 단번에

도끼로 쳐낸 듯한 느낌이었다. 완만한 경사는 회랑 쪽으로 갈수록 낮아졌다.

어느덧 비는 폭우로 변했다. 비를 피해 회랑으로 가니, 일본인 관광객들이 먼저 와 있었다. 그들의 대화는 대지를 후두둑 내리치는 빗방울처럼 빠르고 간결했다. 관광객은 가이드의 설명에 집중했으나, 그가 바닥을 가르치지 않은 것으로 보아 박석의 미덕은 모르는 모양이었다.

박석薄石은 이름처럼 얇은 화강암판인지라 단단하다. 거기에 더해 햇빛을 난반사시키니 땡볕이라 해도 눈부심이 없단다. 한때는 맥이 끊겨 채굴이 중단되었으나 겨우 광산을 찾아내어 고궁을 복원하는데 쓰이게 되었다는 것도 알게 되었다.

근정전 마당의 박석은 기다렸다는 듯 갈증을 달랬다. 돌은 빗줄기가 닿자마자 온몸에 윤기가 돌며 삽시간에 진한 잿빛으로 변했다. 빗물은 박석 사이의 골을 타고 흘러내렸다. 익숙한 길인 듯 머뭇거림은 없었으나 서두르지도 않았다. 골이 아니었더라면 단숨에 하수구에 이르렀을 빗줄기는, 스스로 속도를 조절했다. 시립 미술관 전시에서 보았던 퍼포먼스 작품이 떠올랐다. 크고 작은 그릇에 빗줄기가 쉬지 않고 쏟아져 내리던 영상 작품이었다. 화면을 바라보며 잠시 실내의 전시관에 왔음을 잊은 적이 있었다. 그 순간은 처마 밑에 앉아 비 내리는 마당을 바라보는 것 같은 착각마저 일었다.

박석에 취해 잡념은 한 순간에 씻겨 내려갔다. 다음 약속도 생각나지 않을 만큼 생각이 단순해졌다. 삼십 분 남짓 박석의 틈을 따라 흐르는 빗물을 바라보자니, 내가 고민하는 크고 작은 일들도 저처럼 씻겨 내려가 주었으면 싶었다.

그 후부터 나는 박석 예찬론자가 되었다. 비슷한 돌만 보면 어설픈 감식안으로 박석인지 아닌지를 판별하는 습관까지 생겼다. 한강변 양화진의 외국인 선교사 묘역을 산책할 때면 그곳에 깔린 돌이 박석과 비슷하여 눈여겨보곤 했다.

얼마 전에는 자주 가는 공원에서 박석이 깔린 길을 발견했다. 평소 다니지 않았던 분수대 부근이었다. 내리막길을 걷는데 바닥의 얇고 검은 돌이 시선을 붙들었다. 자연스럽게 잘린 얇고 넙적한 돌이 추상화가의 캔버스인 양 자유롭게, 그러나 정연하게 깔려 있었다. 마치 잿빛 톤으로 채워진 몬드리안 특유의 구도를 보는 느낌이었다. 적당히 우툴두툴한 표면은 편편하진 않았으나 매끄러워 보였다. '박석일 거야, 이런 곳에서 박석을 만나다니….'라는 생각에 기뻤다. 예상치 못한 소득으로 생각되어 그곳을 지날 때면 '통통통' 소리가 날 정도의 반동으로 가볍게 내달렸다. 은연 중 단골 산책로가 되었다.

어제 아침은 비 갠 후라 상쾌했다. 언제나처럼 그 길로 접어들었다. 그러나 바닥재는 평상시의 모습과는 다른 모습이었다. 빗물에 깨끗이 씻겨나간 표면에 몇 가닥의 흰 줄이 드러났다. 돌의 귀퉁이에는 희끗희끗하게 깎여 나간 자국도 선명했다. 얇게 잘라진 검은 석재는 가공된 것이 분명했다. 가던 길을 멈추고 재차 몸을 낮추어 자세히 보았다. 무늬가 없었으나 무늬보다 고운 단순한 아름다움을 지닌 그 돌, 박석이 아니었다.

 무언가에 속은 기분이었다. 진품이라 여겼던 골동품이 위조품이었음을 알게 되었거나, 믿었던 이의 배신을 보는듯한 허탈함이었다. 돌이켜보면 돌은 제가 '박석입네' 한 적도 없었고 그와 비슷한 돌이라고 주장하지도 않았다. 나 혼자 단정 짓고 좋아하지 않았던가.

 외모가 주는 선입견으로 판단한 적이 많았다. 본질과는 무관한 방법으로 접근하여 끝내 접점을 찾지 못한 감정의 평행선은 아직 만나지 못하고 있다. 사랑이라 생각하지 못한 채 보내버린 인연도 있었다. 상대방도 나처럼 사랑이었으리라 착각했던 일이라고 없었으랴. 세상에는 그렇듯 착각으로 인해 어긋난 일들이 많다. 사람과의 관계도 자신이 보고 싶은 면만을 바라본다. 공유한 시간들에 대한 추억이 제 각각 다르게 적히는 이유는 이 때문이리라. 진위를 가릴 수 없는 일 앞에서 오판했던 일이며, 그것을 끝내 느끼지 못하고 지나친 일도 많았으리라.

 비 내리는 날이면 다시 경복궁으로 달려가야겠다. 온몸으로 빗줄기를 받으며 검게 변하는 돌을 망연히 바라볼 것이다. 줄기차게 홈을 따라 흐르는 빗줄기에 내 마음을 투사해 보리라.

기록의 반전

 커피숍에서 전철역을 향해 달린 나의 속도를 믿을 수 없었다. 학창 시절엔 경주 때마다 꼴찌를 면치 못했던 내가 아닌가. 육상 경기에서 그 정도의 기량을 보였다면, 내 실력을 아는 이들은 도핑테스트를 주장했으리라. 무리를 해서라도 지하철을 타려 한 것은 얼마 전 겪은 도로 체증 때문이었다. 심야에는 도로가 막히지 않으리라는 예상은 보기 좋게 빗나가, 택시에서 많은 시간을 보낸 터였다.
 그날은 저녁 식사 후 오붓한 커피숍으로 자리를 옮겼다. 아직은 멀게만 느껴졌으나, 퇴직 후의 계획은 미리 짜야 된다는 친구의 제안에 여행 설계가 분분히 오갔다. 카페라떼는 이미 식었으나 마음은 남미 南美의 안데스를 넘고 있었다. 그제서야 자정이 가까워졌다는 사실을 알고 서둘러 작별 인사를 나누었다. 담론은 무성했으나 마무리는 순간이었다. 오랜만에 만난 친구들과의 모임인데다, 지방에서 올라온 친구에 대한 배려로 그녀보다 먼저 자리를 뜨기는 어려웠다.
"이번 열차는 신도림행 마지막 열차입니다."
안내 방송을 들으며 간신히 개찰구에 이르렀다. 서둘러 교통카드를 꺼냈을 때는 방전된 체력에 서 있기도 힘든 상태였다. 그도 그럴 것이 사당역에서 막차를 놓치지 않으려고 일행의 '잘 가라'는 인사도 듣는 둥 마는 둥 계단을 전속력으로 달린 터였다. 다행히 그날 밤의 전동차는 내 편이었다. 안도감에 숨을 고르는 데만 몇 분이 걸렸다.
다음 날, 새벽에 KTX로 귀가해 출근했다는 J로부터 메일이 왔다. 전날 만났던 네 명에게 보낸 공동 메일이었다. 개그 대본을 연상케 하던 그녀의 표현은 일일이 기억할 수 없으나 제목은 '현옥이의 인간 승리' 목격 체험담이었다. 뒤에서 이름을 불렀으나 뒤돌아보지 않고 내달리는 모습이 사십 년 전의 꼴찌가 아니었다나. 백 미터에 20초가 넘던 실력이, 극한 상황에 이르자 마라토너를 능가하더란다. 내 과거 기록까지 기억하는 그녀가 얄궂었다. 평소에도 까맣게 잊고 지냈던 불편한 기억까지 들추어내곤 하는 그녀의 기억력은 정평이 나있었다.
이것이 전부가 아니다. 지난여름 휴가 때는 모처럼 지인들이 남해안을 여행하기로 했다. 도로 체증에 대비해 인천에서 출발한 팀과 새벽에 광명역에서 합류하여 고속도로에 진입할 계획이었다. 신도림역에서 광명역을 향하는 전동차는 드물게 운행되어 놓치기라도 하면

낭패였다.

그날 새벽, 아파트를 빠져나오는데 선글라스를 챙기지 않았다는 사실이 떠올랐다. 집으로 되돌아가 다시 내려오느라 10여 분을 허비하고 나니 열차 시간이 빠듯했다. 가로등의 빛나는 응원에 힘입어 빈 신작로를 무단 횡단했다. 남은 시간은 고작 삼 분, 〈달려라 하니〉의 주인공이라도 된 양 질주했다.

승강장으로 향하는 오르막 계단은 그날따라 끝이 없었다. 이번에도 가까스로 차에 오르자 문이 닫혔다. 고무줄처럼 탄력을 발하는 재난 대처형 기록이 빛을 발하는 순간이었다. 역무원이 그곳에 있었더라면 빛의 속도로 승차에 성공한 내게 오른손을 번쩍 들어 사선을 그으며 '세이프(Safe)!'를 외쳤으리라.

평상시에는 부실해진 체력의 한계를 나이 탓으로 돌리곤 했다. 다행스럽게도 나의 신체 능력은 극한 상황에 이르면 이처럼 기능이 보강되어 고비를 넘곤 했다.

학창시절에는 드넓은 운동장에 새로 그려진 백회 가루의 트랙만 보면 심장 박동이 불규칙해졌다. 달리기에 대한 공포심에 운동회 기간만 되면 학교가 싫어진 적도 많았다. 그렇다고 전학을 갈 수도 없었던 것은 운동회 없는 학교가 없다는 것을 알고 있었기 때문이다.

나의 기록 갱신사를 들추어 보건대 당시에도 들짐승이 나를 쫓았다거나 하는 절박한 이유가 있었더라면 한 번쯤은 선수로 발탁되었을지 모를 일이다. 극한 상황에 이르면 돌변하는 내 몸의 기능을 보면 상황에

기록의 반전 131

대처하는 능력에 한해서는 정상 가동 중인 것이 분명하다.

그렇다면 근래에는 약속조차 깜박 잊고 익숙한 어휘조차 가물가물하는 나의 기억력은, 주인에 대한 예의 따위는 안중에도 없단 말인가. 곰곰이 생각해 보면 기록 갱신의 동기를 부여한 것은 정신력을 관장하는 뇌의 공功이다. 지하철을 반드시 타야 한다는 급박한 상황이 발생하자 뇌는 그 사실을 신경 세포를 통해 가감 없이 전달했으리라. 연락을 받자마자 무척이나 복잡한 화학반응을 거쳐 신경계의 전달 물질은 단 시간 내에 나의 다리 근육에 전시에 버금가는 비상 동원령을 내렸을 것이다.

여건이 주어진다면 육체적 역량에 반전을 도모할 일은 또 일어나리라. 극한 상황이 아닌 곳에서 기록 갱신에 도전할 일, 어디 없나?

부녀회의 솔로몬

 A선생 친구들의 모임이 물 맑고 정자 좋다는 '영산리'에 갔단다. 마을 가까이에 오리백숙으로 유명세를 탄 맛집이 있었다나. 차가 마을회관 앞에 도착했을 때는 식당 예약 시간보다 삼십 분 이른 시간이었다. 일행은 느린 걸음으로 식당을 향했다. A선생은 일행에게 나중에 들어가겠노라며 한 발 뒤에서 여유롭게 걸었다. 오랜만에 다시 찾은 동네와 소풍 왔던 강가의 정자를 보고 싶은 마음도 있었으나 그것은 식후로 미루기로 했다.
 먼저 사소한 근심을 풀고자 마을회관 앞 공터의 번듯한 조립식 화장실을 찾았다. 화장실 문은 제대로 닫히지 않았으나, 한적한 곳인지라 신경 쓸 일은 아니었다. 변기 앞에 서서 자세를 갖추었을 때 한줄기

거센 바람이 들이닥쳤다. '쾅!' 소리와 동시에 문이 닫혔다. 놀라움에 오줌발이 찔끔했다나. 볼일을 마친 후련함에 손잡이를 돌렸으나 요지부동이었다. 일행인 B선생이 전화를 받고 단숨에 달려왔다.

문은 밖에서도 열리지 않았다. B선생은 마을 회관으로 가서 그 사실을 알렸다. 회관에서 동양화 감상의 망중한을 즐기던 부녀회원들은 놀라지 않았다. 도리어 올 것이 왔다는 표정으로 서로 쳐다보며 고개를 끄덕거리더란다. 그녀들은 화장실 열쇠는 관리자가 따로 있다며 누구에겐가 연락을 했다. 연락이 닿지 않아 관리자의 수소문으로 보낸 시간이 삼십 분이었다.

얼마 후에야 도착한 읍내의 열쇠 수리공이 갖은 노력을 기울였으나 허사였다. 예상외의 난공사로 시간만 흘렀다. 결국 전기 톱질 끝에 문에 굳세게 박혀있던 잠금장치를 잘라내고 새것으로 교체했다. 그제서야 문이 열렸다.

광명천지를 보게 된 A선생은 심호흡을 했다. 열쇠 관리자가 출타를 했건, 수리공이 톱질을 했건, 온몸이 땀에 젖었건 이는 그다지 중요한 일이 아니었다. 냄새나는 밀폐공간에서 한 시간 삼십 분을 버티고 무사히 햇빛을 보게 되었다는 사실만이 감격스러웠다. 오래 전 사북 탄광의 매몰 현장에서 간신히 빛을 보게 된 광부의 검은 얼굴과 눈빛이 스쳤단다. 조용한 동네에 빅뉴스를 제공한 기여로 받아야 했던 동네 사람들의 관심도 견딜 만했다. 무사히 구조되었으니까.

사건의 시작은 그때부터였다. 수리공이 출장비 이만 원에 열쇠값

삼만 원, 도합 오만 원을 청구했다. A선생은 '이 마당에 그깟 오만 원이 대수랴.' 하는 마음에 기꺼이 지갑을 열었다. 초로의 C 여인이 이를 제지하고 나섰다. 난상토론을 간략히 요약하면 이렇다.

> 부녀회장 C: 언젠가는 이런 날이 올 줄 알았다. 지난번 노인회 때도 내가 고치자고 하지 않았느냐. 진즉 수리를 했어야지 문짝 모퉁이에 괘놓은 돌멩이가 하필 바람에 나뒹굴어 이런 사태가 난 것이다. 우리 동네에 온 손님이 이런 일을 당했으니 동네 망신아니냐. 수리비는 이장이 내야 한다.

> 부녀회원 D: 이장이 무슨 죄냐? 외지인의 밴소 수리비까지 이장이 내줘야 하냐. 화장실에 들어가기 전에 문이 정상적으로 닫히는지 확인하지 않은 저 아저씨 잘못도 크다. 마침 이장은 읍내에 볼 일 보러 가서 돈을 물어줄 수도 없다.

이장 부인이라던 D의 주장은 C의 강한 반박과 두세 여인의 끄덕임으로 유야무야되어버렸다. 해결의 실마리는 보이지 않고 여인들의 목소리만 높아갔다.

> 부녀회원 E: 세상에 남자들이 노상 하는 일이 노상방뇨인데, 화장

실에 들어가서까지 문단속을 확인하는 일은 드물다. 진즉 우리가 고쳤어야 할 일이고, 열쇠는 동네 물건이니 동네에서 삼만 원을 부담하고 출장비 이만 원은 아저씨가 내야 한다."

E의 주장에 잠시 조용해졌다. 부녀회의 솔로몬 E의 탁월한 중재에 동네 사람들이 고개를 끄덕였다. 사태는 평정된 듯했다. 난상토론의 수습 경위를 들려준 A선생은 덧붙였다.

"야외에 가서 소변을 보시려거든 문이 없는 확 트인 곳에서 자유롭게 방뇨하세요!"

E의 분배는 나름의 명분이 있었다. 그녀의 합당한 파이 분배 방식은 판례로 남을 만한 명판결로 생각되었다. 그만하면 저울대의 수평이 기울지 않게 나름대로 추를 잘 조절한 것이리라. 그러나 동네에서 관리하는 시설의 고장으로 한 시간 넘도록 화장실에 갇힌 A선생에게 정신적 고통에 대한 보상은커녕, 부과된 수리비는 아무래도 무리였지 싶다.

이즈음 내게도 솔로몬의 지혜가 절실하다. 직장과 집에서 이럴 수도 저럴 수도 없는 난제를 앞에 두고 갈등하는 일은 얼마나 많은가. 나름대로 원만한 결론을 내리곤 하지만 그 역시 나의 주관적인 결정이리라. 크고 작은 오판으로 상대에게 불이익을 주었거나 알게 모르게 상처를 준 일이 없으랴.

그런 상황에서라면 나는 과연 어떤 결정을 권했을까. 마을에서 부담할 테니 어서 볼일 보시라고 등을 떠밀지 않았을까. 어차피 내 돈이 아니니 동네의 이미지에 훼손을 줄 필요는 없었고, 수리를 하면 동네에서 치르어야 할 대가였으니까. 그러나 객이 뜨고 난 후 마을 사람들의 불만을 떠안아야 할지도 모른다.

먼 옛날, 후궁 둘이서 아기 하나를 놓고 서로 자기 아이라고 주장했다. 솔로몬은 아기를 반으로 나누라고 명령하여 두 여인의 반응으로 생모를 가려냈다. 시대를 초월해 회자되는 명판결의 대표적인 사례는 그만의 묘수였다. 그러나 그 판결의 이면에 억울해 할 다른 사연은 없었을까.

공사는 보류 중

7월 1일부터 한 달간 아파트 입구 도로 정비 작업으로 인해 정문 출입을 금합니다. 후문으로만 차량 통행이 가능하오니 주민 여러분의 적극적인 협조 부탁드립니다.

고딕체의 안내문이 엘리베이터에 붙었다. 주민들은 관제실의 일방적인 통보에 고분고분 따랐다. 무료해 보였던 후문 경비 아저씨는 출입 차량 관리로 분주해졌다. 공사 현장에는 흙이 작은 산을 이루었다. 원인을 찾기 위해 파놓은 지반의 배수관이 교체되고 마무리되는가 싶더니 주춤했다.

이틀째 내린 장맛비가 노면을 밤낮없이 두드렸다. 예고했던 기간을 사흘 남겨놓고 안내문이 바뀌었다. 비 때문에 오폐수관 복구와 아스콘 공사가 늦어진다고…. 지반을 다지기 위해서는 물 빠짐이 된 후라야 포장이 가능하다는 문구도 덧붙였다. 완벽한 공사를 위해서라면 며칠 늦은 것이 대순가. 마침내 '긴급 도로 복구차량'을 매단 중장비가 롤러로 전진과 후진을 거듭하며 지반을 다졌다. 김이 모락모락 피어오르자 노면이 고르게 정돈되었다.

지난번 경주 불국사에 갔다. 경내에 들어서니 '불국사 삼층석탑 수리'라는 글씨가 시선을 붙들었다. 대웅전 앞의 석가탑을 수리 중이었다. 화려한 자태의 다보탑과는 달리, 석가탑은 절제와 단순함의 아름다움으로 늘 그 자리를 지켰다. 수학여행 길에 사진을 찍은 곳도 그곳이었다. 탑 앞에서 흐릿한 추억마저 되살리지 못한 아쉬움이 컸다. 1200년이 넘는 시간의 풍화작용을 무던히 견딘 탑은 더 이상 버틸 수 없었던지 내부가 훤히 보이는 덧집에 갇혀 해체와 복원을 견디고 있었다. 백제의 장인 아사달이 신라에 스카웃되어, 혼신을 다해 만든 천하의 석가탑이 중환자가 되어버린 것이다. 풍상에 시달리다 바닥에 누운 사각의 기단基壇은 모서리가 닳은 채, 늠름했던 자취를 잃었다. 균열이 간 탑신塔身에서는 간간이 신음이 새어나왔다.

이어서 경주 박물관에 이르렀다. 유리벽 안의 시간은 결코 복구할 수 없으나 전시품들은 과거를 짐작게 했다. 나의 시선을 끄는 것은 보물 등의 정교한 유물만은 아니었다. 온도와 습도가 자동 조절되는 첨단의 전시실이 과분하다는 듯 다소곳이 앉아있는 몇 점의 도자기였다.

흙으로 빚은 질박한 그릇과 푸른빛이 도는 유리잔은, 당시 요긴하게 쓰였을 생활용품이었으나 지금은 전시품으로 남아있었다.

내게도 그런 흔적이 있다. 한때는 마음으로 울고 웃었던 절실한 감정이었으나, 이제는 세월 따라 박제되었다. 완전 건조는 어려웠던지 습기를 머금은 눅눅한 감정들로 배회하다가 흐린 날이면 들이쑤신다.

내 마음은 균열의 박물관이다. 심연 그윽한 곳에서부터 나도 모르게 시작되었을 균열은 진행을 멈춘 것도 있지만, 시나브로 실금이 진행되는 곳도 있다. 유통기한을 넘겼으나 한때 정신의 구호 물품이었던 그리움, 피할 수 없는 외로움도 있다. 분명하게 이름 지을 수 없는 자잘한 감정의 결도 금 간 노면처럼 툭툭 터지거나 틈새가 벌어졌다. 서로의 견해 차이를 좁히지 못한 관계의 어려움도 자국이 선명하다. 예상을 빗나가는 것이 삶의 속성이 아닌가 싶다.

유리벽 너머의 시간은 아득해 보였다. 내가 주인이었으나 내 힘으로도 갈무리하지 못한 소장품이 포화 상태다. '이참에 보란 듯이 복구를 시작해 봐?'라는 생각에, 몇 줄을 주저리주저리 적어보았다.

'내 마음을 복구하려고 합니다. 기간은 계절이 서너 번 바뀌어야 할 것 같습니다. 복구 중에 공사 면적이 더욱 넓어질 수 있어 완공일을 맞추기는 어렵습니다. 마음에 금 간 곳과 무너진 지반을 정비하기 위해 공사 기간 중에는 정서적 교류를 금합니다.'

마음으로 적어본 안내문을 깔끔한 전시실 유리 속에 슬쩍 밀어 넣었다.

공사는 남에게 보이고 싶지 않은 지저분한 것과 소음, 먼지를 드러내야 한다. 그것이 전제되지 않으면 어렵다. 한때 마음 언저리를 부유浮游 했으나 견고하게 가라앉은 감정들을 조목조목 털어낼 엄두가 나지 않는다. '걸음마다 주름살이 깊어가는 지천명知天命, 내 인생은 아직도 공사 중'이라 했던 시인도 대규모 공사는 엄두도 내지 못했으리라. 공사가 필요한 내 마음의 구간은 무기한 공사 보류 중이다.

아파트 정문 앞 공사가 끝났다. 도로는 당초 금간 곳이 어디였는지 알 수 없을 정도로 말끔해졌다. 그 위에 노란 두 줄의 중앙선과 흰 차선이 그려졌다. 아스콘의 검은 색과 대비되어 상큼하기까지 했다. 그곳을 지날 때면 개통된 도로를 달리는 듯한 착각마저 일었다. 한참을 달리다 유턴해야 하는 번거로움도 불사했던 차들은 이제 정문을 벗어나자마자 질주하고 있다.

실명失名의 시대

출근길, 경인고속도로의 신월 나들목 부근에 이르렀다. 차는 주춤했으나 담쟁이는 그 순간에도 온몸으로 직조織造한 녹색 카펫을 방음벽에 걸쳐놓고 세勢를 확장해 갔다. 라디오 진행자의 활기찬 음성이 차창에 부딪혔다. 그때쯤이면 '조간 브리핑' 직전 순서인 〈당신 오늘 낚였어!〉가 시작되었다. 청취자가 사연을 말하면, 그것에 동감하는 이들이 전화를 하는 코너였다. 오늘은 이십대 초반의 여성이 '나이는 젊으나 기호는 젊지 않은' 성향을 가진 이들을 모았다. 스파게티보다는 청국장이나 장아찌 등을 선호하는 식성은 물론, 성향이 비슷한 이들의 전화가 이어졌다.

사연이 채택된 이에게 선물을 줄 차례였다. 진행자는 첫 문자를 보낸 6435님, 같은 사연으로 낚인 7085님을 시작으로 당첨자를 호명했다. 엄밀히 말해 호명呼名이 아닌 휴대전화 끝자리 부르기였다.

이름 대신 숫자를 부르는 일이 라디오 프로그램에서만 있는 일은 아니다. 배우자를 찾는 TV 리얼리티 쇼의 출연자들은 남자 2호, 여자 3호 등으로 불린다. 간명한 내레이션 형식으로 진행되는 그 프로그램이 처음엔 무척 낯설었다. 출연자를 결혼 시장의 상품으로 취급하는 것 같아 거부감이 들었으나, 요즘은 채널을 돌리다 마주쳐도 덤덤하다. 언제부턴가 우린 숫자로 불리는 것에 익숙해 있다. 조만간 공산품처럼 바코드로 분류되지 않을까.

나도 이름 대신 부여받은 번호가 있다. 내 의지와는 무관한 일이다. 이사와 동시에 자동 개명되어 현재는 '1702호'다. 마트나 세탁소에서는 멤버십 카드나 휴대폰 번호로 거래 실적이 관리된다. 이제는 본명과 자신의 정체성을 숨기는 것에 익숙해져 굳이 실명을 확인하려 든다면 도리어 부담스러우리라.

이름을 대신하는 것이 숫자만은 아니다. 인터넷 상의 블로그나 카페에는 이름은 오간 데 없고 발랄한 닉네임이 넘친다. '미련 곰탱이'나 '토깽이'는 귀엽기라도 하다. 익명匿名의 다수에게 자신을 자극적으로 알리려는 의도인지 모르지만 지나친 것도 많다. '현실은 시궁창'이나 '사담 후시딘', '뭘 봐?'에 이르면 상대방의 반감을 자청한 듯한 느낌에 어리둥절하다. 실명이 아닌 닉네임이 달린 악성 댓글은 개인적 연대가 무너지는 과정에서 피할 수 없는 대중화 현상이 되어버렸다.

대다수 현대인은 이렇듯 숫자든 별칭이든 익명 뒤에 숨기를 즐긴다. 그것은 이메일 발송인의 이름으로도 나타난다. 얼마 전 보육교사 채용을 위해 관련 사이트에 광고를 낸 적이 있다. 많은 이력서 중 적절한 이가 눈에 띄었다. 그녀의 닉네임은 뜻밖에도 '걸리기만 해 봐!'였다. 황당했던 만큼 '한번 걸려들어 보리라.'는 오기 비슷한 것이 발동했다. 그 후 면접을 거쳐 채용했으나 별명에서 예상되는 고약한 상황은 일어나지 않았으며 무척 성실했다. 그녀가 미화된 이미지를 거부하며 거친 어휘로 자신을 대변했던 닉네임은 결코 우호적이지 않았을 세상에 대한 도전은 아니었을까. 청년들의 억압된 아우성을 대변하는 듯한 닉네임에 대해 애틋한 마음이 들기까지 했다. 주변의 문우들도 개성적이거나 우아한 닉네임을 사용한다. 젊은이들의 여과되지 않은 직설적인 닉네임은 결국 표현 방법의 차이였는지 모른다.

익명도 더러는 빛날 때가 있다. 어려운 이에게 도움을 주면서 굳이 자신을 드러내지 않을 때 오르내리는 '익명의 독지가'에서의 익명은 어찌 그리 훈훈한지…. 신분을 공개하지 않음으로써 상대방에게 심적 부담을 주지 않으려는 배려가 돋보이지만 흔한 일은 아니다.

시대의 흐름인 양 사람들은 귀촌을 꿈꾼다. 이미 실천한 이들도 적지 않다. 도회의 삶에서 느낀 염증이나 친자연, 생활고 등 시골을 선택해야 할 이유는 많다. 혹 그들 중에는 실명失名에서 실명實名으로 거듭나는 벅찬 경험에 대한 기대를 가진 이들도 있지 않을까. 우리에게 낯익은 '김서방', '여주댁' 등의 별칭은 익명이 아닌 당사자를 특징짓는 대명사였다. 따라서 그런 별칭 뒤에는 신분을 감추려는 숨은 의도는 없다. 시골에서야 누가 읍내에 다녀왔는지, 누구네 집에 손님이 왔는지 훤히 안다. 반면 익명에 동의하고 시작된 도시 생활은 이웃의 대소사를 알 수 없다. 그것이 주는 그늘을 즐기는 것인지도 모른다.

실명失名의 시대는 실명失明의 시대다. 도시를 그다지 낙관적으로 바라보지 못한 나의 편협한 상상력은 때론 도시를 감옥으로 만들곤 한다. 어쩌면 우린 익명에 길들여진 세상이라는 거대 감옥의 단체 수인囚人인지도 모른다. 나 역시 익명을 교사한 죄목에 연루되었으나 탈출 가능한 감옥이기에 자유를 꿈꾼다. 생각해 보면 바이러스처럼 번지는 실명失名 열풍을 탓할 일만은 아니다. 실명實名이라 한들 그저 피상적인 정보만을 제공할 뿐, 그 자체가 자신의 전존재를 대변하는 것도 아니다. 그렇지만 언젠가 무혐의 판정으로 자유를 얻게 되면 정숙이, 미자, 명옥이…. 먼지 쌓인 이름들은 서로 크게 부르고 싶다.

차 안은 애청자 '5516'님이 신청한 노래, 〈사람이 꽃보다 아름다워〉로 가득 찼다. 어느새 속도를 되찾은 차는 아침의 도로를 시원스레 달리기 시작했다.

대한민국 청춘 예찬

청춘! 이는 듣기만 하여도 멀미가 나는 말이다. 청춘! 너의 주머니에 손을 넣어 보라. 청춘의 지갑은 얇다. 부모의 후원이 아낌없는 청년은 무엇에든 거침없다. 그것이다. 자고로 유사 이래 인간의 삶을 지탱해온 동력은 바로 그것이다. 스펙은 다양하되 쓸모가 줄어들었으며, 학점은 A+나 갑 속에 든 칼이다. 청춘의 깊은 비애가 아니라면, 삶이 얼마나 풍요로우랴. 제 뜻을 펼칠 마당을 찾지 못한 청춘은 고뇌가 있을 뿐이다.

그들에게 삶의 활력을 불어넣는 것은 젊음의 열정을 바칠 일자리다. 근사한 검은 수트를 입고 친구에게 술 한잔 사거나, 벼르던 바이크를 사는 일은 얼마나 기쁘며 아름다운가. 그 꿈을 현실로 이루는 것은 정규직 최종 합격 통보다. 수많은 좌절 속에서도 그나마 오뚜기의 본능을 잃지 않은 것은 청춘의 끓는 피다. 공채 응시율과 신입사원 채용 경쟁률이 나날이 치솟고 서류 심사와 필기시험을 통과해도 면접 탈락이 일상이지만, 청춘의 피는 뜨거워서 겉으론 웃으며 다시 출발해야 한다. 그들의 마음에선 황량한 바람이 거세게 일고, 절망이 뿌리를 내리며 포기의 싹이 움튼다.

일자리가 없는 청춘은 사막沙漠이다. 오아시스 없는 사막에서는 사랑을 지키는 일조차 어렵다. 사랑도 먹고 사는 일이 해결되어야 가능하다. 서류전형 결과를 기다리며 가슴 졸이는 청년들에게 날아온 것은 불합격 소식이다. 그들이 가족을 이루고 분가하는 것조차 어려운 일인데, 내일을 기약하는 밝은 미래가 어디 있으랴?

취업! 현대를 사는 대부분의 청년에게 간절한 취업! 이것이야말로 많은 꿈을 이루게 하는 무한한 가치다. 청년은 대기업이건 중소기업이건 공직이건 자영업이건 간에 일자리 얻기에 성공함으로써 자립할 수 있는 것이다. 원하는 것은 무엇이든 될 수가 있다는 국민가요가 시대를 풍미한 적이 있다는데 요즘 이런 노래가 나온다면 따라 부를 사람이 있을까.

부모님은 무엇을 위하여 새벽 출근길을 마다하지 않으며, 손에 물기를 거두지 못하는가? 자신의 안위를 위하여서 그리하였는가? 아니다. 그분들은 만천하의 대중을 품에 앉기까지는 못할지라도 자식만은 안정된 길을 가며, 자신보다 나은 삶을 영위하리라는 소박하고 따뜻한 바람을 품었기 때문이다. 그들은 자식의 덕으로 호의 호식을 구하고자 함은 아니며, 군계일학으로 우뚝 서지는 않을지라도 자신의 식솔만큼은 거느릴 수 있는 소소한 삶의 행복의 주인공이 되기만을 바라는 것이다. 그러므로 흰머리가 모자처럼 머리를 뒤덮을 때까지 그들의 그림자는 자식 곁을 떠나지 못하는 이다.

취업! 그것을 위한 준비는 청춘의 특권이 아닌 등짐이다. 그들은 앞만 보고 돌진하기 때문에 주변을 헤아릴 수 없고, 숫자 상의 결혼 적령기는 무의미해서 핑크빛 꿈은 접었다. 그들은 극심한 경쟁사회에 대한 긴장감을 놓칠 수 없음에 사람 노릇을 하지 못하는 일도 다반사다. 그들의 이상은 취업 성공의 아름다운 열매를 맺어 자신의 인생을 풍요롭게 하고 가족들에게 기쁨이 되는 것이다.

보라, 청춘을! 그들의 몸이 보기보다 얼마나 허약한가. 그들의 얼굴에는 피로가 누적되었으며, 숙면을 이루지 못한 눈은 감기기 일보직전이다. 그들의 뼛속에 스며드는 깊은 한숨을 생각하면 마음 다해 응원하지 않을 수 없다.

이것은 취업 전선에 뛰어들지 못하는 중등학생에게서는 볼 수 없는 현상이며, 연금만이 희망인 노년에게서도 구하지 못할 바다. 오직 청춘에게서만 볼 수 있는 안쓰러운 현상이다.

청춘에게 '너희는 인생의 황금기'에 있다고는 말하기 어렵다. 청년기의 가치를 충분히 발휘하기 위해 힘차게 약동하라는 말도 섣불리 할 수 없다. 사랑할 땐 사랑이 보이지 않고, 숲에서 나와야만 숲이 보이듯 저들은 자신들의 푸름이 보이지 않는다. 실패를 반복할 수밖에 없는 이 땅의 청춘, 머지않아 청춘이라는 어휘가 고어古語로 사장되지 않을까 그것이 두렵다. 시연 없이 무대에 올려졌기에 그들의 뒷모습을 따뜻한 눈길로 오랫동안 지켜볼 뿐이다.

---

* 이 글은 민태원의 「청춘예찬」을 패러디한 것임.

나, 조선으로 돌아갈래
― 어느 흡연자의 변

    지하철역 2번 출구로 나와 횡단보도를 건너면 발걸음이 빨라진다. 흡연이 허락된 우리들의 터에 다다랐기 때문이다. 소나무와 회양목이 조화를 이룬 작은 공원에는 원통의 스텐 재떨이가 기다렸다. 우린 해질녘이면 학연, 지연, 혈연보다 강한 흡연吸煙이라는 인연으로 약속 없이도 모이곤 했다. 끈끈한 연대감을 불사르며 날린 연기로 주변은 늘 자욱했다.
    바로 옆의 대형쇼핑센터 광장과 24시간을 영업하는 패스트푸드점은 당연히 금연구역이다. 흡연자과 비흡연자의 구분이 그처럼 극명하게 대립된 지역도 드물다. 거센 혐연嫌煙 열풍에서도 우리만의 치외법권 지역인 이런 공간이 있으니 다행이다.

행인들은 우리를 마땅치 않게 바라보며 빠르게 지나친다. 그 속도는 경보 선수를 능가한다. 지난번에는 아이 손을 잡고 지나가는 엄마가 나를 옆눈으로 흘겼다. 동시에 아이를 내 쪽에서 떼어놓으려 손목을 바꾸어 잡고 손사래로 공중의 연기를 날렸다. 위대한 모성이었다. 앞으로는 불가촉천민 취급을 받거나 공공장소에서 돌팔매질을 당하는 날이 올지도 모른다.

　그런데 며칠 후면 우리들의 메카가 사라질 위기다. "이곳을 5월 1일부터 금연구역으로 정합니다."라는 안내문 한 줄의 힘이다. 매일 출근 도장을 찍었는데 한 마디 경고로 이곳에서의 즐거움도 고작 사흘 남았다.

　근래 취업 이주 외국인이나 성 소수자 등 소수자에 대한 관심과 배려가 늘어나고 있다. 반면 동정 받지 못하는 흡연자를 보는 눈길은 차갑기만 하다. 오래전 유명 연예인은 폐암 사망 전 자신의 건강을 해친 주범으로 담배를 지목했다. 공영 방송은 환자의 인터뷰 영상을 내보냈다. 흡연자를 공공의 적으로 몰아가는 분위기 조성은 그 무렵부터였으리라.

　우린 설 곳이 없다. 대부분의 건물은 통째로 금연구역이고 회사에서도 마음 놓고 담배 한 대 피울 안락한 공간이 없다. 공원은 물론 길거리마저 금연 구역인 지자체가 나날이 늘고 있다. 이렇듯 우리를 공공의 적으로 여기는데 따른 심리적 위축은 어디에서 보상받을꼬.

　이 마당에 흡연자를 위한 정책적인 대우는 언감생심이다. 그러나

나. 조선으로 돌아갈래　151

우리가 부담한 담배소비세는 어느 곳에 쓰이는지 궁금하다. 납세자를 위한 제도는 무엇인지, 세금의 일부라도 흡연자의 허용된 공간으로 제공할 용의는 없는지 묻고 싶다. 더 이상 발 디딜 곳도 없는 흡연자를 질시하면서, 이면에서는 담배 판매로 얻은 수익을 세고 있는 실정이다.

금연 정책도 마찬가지다. 일회성으로는 효과를 얻을 수 없는 금연 프로그램을 병원이나 전문기관에서 운영한다지만 접근성이 떨어진다. 나 같은 직장인이나 학생들이 보다 쉽게 참여하도록 배려할 수 없을까. 아울러 흡연자와 비흡연자와의 간극을 조절하기 위한 시설물이나 제도가 있으면 좋겠다.

흡연이 불법인가. 클래식 애호가가 음악 감상에 심취한 것이 죄가 아니듯 나는 기호에 충실할 뿐 범법자는 아니다. 니코틴 중독으로 인한 심리적 안정감이나 흡연이 안겨준 사소한 즐거움에 비해서 그 위험성이 너무 크다는 것을 모르지 않는다. 그 때문에 금연을 시도했으나 그럴 때마다 실패했다. 칼로 무 자르듯 금연을 실천할 수 없는 우린 인간적인, 너무나 인간적인 성향을 가진 사람들이다. 금연에 성공한 이야말로 독한 사람이 아닐까.

우리라고 호시절이 없었을까. 흡연이 대세이던 지난날, 스크린 속의 흡연 장면은 당시 고등학생인 내게 담배를 권했다. 뒷골목 세계의 느와르 영화에는 담배가 필수였다. '대부'에서 조직과 가족 사이에서 고민하는 말론 브란도가 두터운 시가를 빨아들일 때면 나도 화면 속으로 빨려 들어갔다. 담배를 문 알 파치노의 광기 어린 눈빛도 만만치 않았다. 갖은 악의 뿌리인 폭력조직조차 미워할 수 없었다. 그뿐인가. 왕가위 영화에서도 담배는 빠질 수 없는 소도구였다. 사랑의 기억으로 몸서리치는 불확실하고 모호한 주인공들의 관계를 표현하는데 담배 연기만 한 효과적인 설정이 있을까. 그 때문인지 〈아비정전〉과 〈해피 투게더〉의 양조위와 장국영은 흡연사에 길이 남을 명장면을 연기했다.

얼마 전 제목에 끌려 보게 된 논문이 있다. 안대희 교수의 '조선 후기 지식인의 흡연 찬반론'인데, 거기에서 나는 정조 임금이 담배 예찬론자였음을 알았다. 놀라운지고. 왕은 담배가 우울증을 치료한다는 믿음으로, '우리 강토의 백성들에게 담배를 베풀어 그 혜택을 함께하고 효과를 확산시키고자' 했다니 나는 아무래도 시대를 잘못 타고났다.

당시라고 담배의 해악에 대한 경고가 없었을까. 선비들은 '화재 위험과 현기증이 날 뿐 아니라 치아를 검게 하고 남이 기침하게 만든다.'며 간접흡연의 피해를 조목조목 지적했다. 그럼에도 불구하고 왕은 소신을 굽히지 않았다. 정조대왕에 대한 존경심이 연기처럼 피어오른다.

가장 좋은 전략은 지금 당장의 금연이다. 그럴 수 없는 나는 〈박하사탕〉의 설경구처럼 절규하고 싶을 뿐이다.

"나 조선으로 돌아갈래!"

봄날의 진경

봄볕이 유혹하는 휴일, 미술관으로 향했다. 일 년에 두 차례 돌아오는 기회였다. 우리나라 최초의 사립미술관인 간송미술관은 설립자인 간송 전형필 선생의 유지를 받들어 봄, 가을에 보름씩 개관한다. 이번에는 '진경시대眞景時代 회화대전'으로 정선과 김홍도는 물론 신윤복, 최북의 작품을 전시한다니 이때가 아니면 그들은 언제 다시 만나랴 싶었다.

성북초등학교 정류장에 서둘러 도착하니 아침 아홉 시였다. 인도를 따라 이미 300여 미터의 줄이 이어졌고, '전시장까지 3시간'이라는 안내문이 견고하게 붙어 있었다. 그만 발길을 돌리려 했다. 머지않은 수연산방의 대추차 생각이 났다. 최순우 옛집이나 길상사를 둘러봐도 좋을 것 같았다.

나의 속셈을 알아차린 것일까. 바로 뒤에 선 여인이 명쾌한 음성으로 말했다.

"어제는 저만큼 뒷줄이어서 그냥 갔다가 다시 왔는데, 이 정도면 두 시간이면 입장할 수 있겠네요."

그녀의 말에 묻어두기로 작정했다. 한 시간쯤 기다려보고 포기해도 되려니 생각하니 마음이 한결 가벼워졌다. 어차피 관람을 위해 비워둔 날이 아닌가.

앞에 선 20대 커플이 대화하는 내용이 생생하게 들렸다. 간식 봉지를 든 남자의 질문에 여자는 단문으로 대답했다. 남자는 많은 질문을 찾아야만 했다. 평상 시 알람은 몇 시에 울리는지, '새콤달콤' 과자를 좋아하는지, 저기 보이는 서울성곽은 가봤는지…. 그렇듯 단순한 사실 확인만으로 대화를 이어간다는 것이 의외였으나, 그들은 서로를 알아가는 단계의 청춘이었다.

그 앞줄에 선 세 가족은 주로 삼십대 후반의 아내가 이야기의 주도권을 놓지 않았다. 부산하게 주변을 맴도는 초등학교 저학년으로 보이는 아들이 주된 화제였다. 학원을 한 달만 더 보내고 끊어야겠으며, 아무개는 원어민 영어를 시작했는데, 우린 어떻게 할 것인지 남편에게 물었다, 그는 시큰둥한 표정으로 묵묵부답이었다. 답은 이미 그녀가 정해 놓았으리라.

한 시간쯤 지났을까. 나도 모르는 사이에 오십 미터 이상 이동해 있었다. 성북동의 오래된 가게를 구경하는 재미가 의외로 쏠쏠했다. 가게마다 입구에 작은 화분들을 기르고 있었다. 지루함을 잊는 데는 꽃 구경이 제격이었다. 줄 선 사람들은 앞뒤가 누구인지 익숙해졌으므로 줄을 벗어나 구경을 하다가 제자리로 돌아오곤 했다. 미술관 입장에 대한 생각보다는 오밀조밀한 주변 풍경과 그새 친근해진 사람들과의 잡다한 대화도 심심치 않았다.

어디선가 달달한 냄새가 풍기기 시작했다. 미술관으로 꺾어드는 길로 접어들자 뽑기 좌판이 보였다. 나도 모르게 그곳으로 발길을 돌렸다. 국자의 설탕이 갈색으로 변할 때 소다를 넣으니 거짓말처럼 부풀어 올랐다. 그때를 놓칠세라 둥근 판을 지그시 눌러 별과 하트 모양을 찍어냈다. 선을 따라 깔끔하게 떼어내면 서비스를 주어야 했는데 그 때문인지 분명한 모양이 드러나게 찍지는 않았다.

이윽고 미술관 정원에 들어섰다. 흰 빛이 퇴색한 외벽 건물은 옛 모습대로 보존되어서인지 정감이 갔다. 담장 가까이에 선 불두화는 흰 팝콘을 터트리며 만개했다. 인위적인 손길을 최소화한 뜰은 물오른 수목 천지였다. 사이사이로 국보와 보물이라는 불상과 석탑이 세월을 입고 앉아 있었다. 간송미술관 소장품을 제외한 한국미술사는 상상할 수 없다던가. 일제 강점기에 문화제의 방출을 막았던 간송 선생의 노력의 결실이리라. 후박나무를 그늘삼아 코앞으로 다가온 입장만을 기다렸다.

사육장에서 '까악까악' 울어대는 소리가 들린 것은 그때였다. 사람들은 '공작이 날개를 폈다.'며 환호했다. 수컷이라는 백공작이 좁은 우리에서 거짓말처럼 날개를 펴보였다. 오랜 기다림에 대한 보상이거나, 불상과 석탑에 빼앗긴 시선을 이제는 자기에게 향하라는 암시일지도 모른다. 처음 가까이에서 번 백공작의 자태에 줄을 선 이유를 잠시 잊고 있었다.

 기다림의 끝은 있었다. 드디어 전시장에 입장했으나 실내에 가득한 관람객만이 눈에 들어왔다. 스텝들은 "기다리는 분들이 많으니 지체하지 마십시오."라는 안내만을 되풀이했다. 그 때문인지 감상에 집중하기가 어려웠다. 노년의 겸재가 금강산을 여행하고 그렸다는 〈금강내산金剛內山〉 앞에 섰다. 무한한 상상력의 붓 끝에서 거듭난 봉우리는 우람했으나 정교했다. 문화 예술의 절정기였던 조선 후기의 내로라 하는 인사들이 그것을 보고 느꼈을 감흥을 떠올려보았다. 그러나 내가 느꼈던 감동은 한나절 충만했던 기대감에는 미치지 못했다. 의외였다.

 돌이켜보니 목표점에 도달하기 전 이미 지쳐 있었다. 따사로운 봄볕을 등에 지고 기다리는 동안의 다채로운 볼거리에 이미 나의 시선이 무디어진 것일까. 그토록 고대했던 진경산수 앞에 섰으나 실경과는 거리가 먼 아련한 분위기의 화폭 앞에서 큰 감동은 없었다.

 세상의 많은 목표들은 이루어지지 않은 경우가 많다. 그럴 때면 목표에 이르기 위한 에움길에서 지향점을 바꾸기도 한다. 이른 아침부터 이곳에 이르기까지의 과정을 돌이켜 본다. 목적지에 이르기 전에 보았던 소소한 장면들이야말로 일상이 연출한 작품, 우리네 삶의 진경 眞景이 아니었을까.

제4부

받아쓰기

안단테로 걷는다

- 현자賢者 따라잡기

30여 분 일찍 집을 나섰다. 출·퇴근의 틈새를 이용해 가끔 걷기 위해서다. 공원에서 가까운 지하철역에서 내렸다. '몰입'은 걷기가 주는 보너스다. 도중에 만난 바람과 햇빛의 전능함은 무한하다. 제멋대로 나뒹굴던 사유의 퍼즐 조각이 제자리를 찾아간다.

걷기야말로 정신의 출발이며, 걸으며 얻는 생각만이 가치 있다고 했던가. 니체의 직설은 여기에서 멈추지 않고, 가벼운 발이 신성의 속성이라고까지 했다. 한자리에 앉아 쓰는 것은 정신에 유익하지 않다며 집필에 주는 걷기의 효용에도 방점을 찍었다. 심지어 《차라투스트라는 이렇게 말했다》는 길 위에서 착상했음을 고백했다.

많은 현자와 영성가들도 걷기를 즐겼다. 월든 호숫가의 오두막에서 생태주의의 고전으로 남은 《월든》을 집필한 데이빗 소로우는 자신을 '직업적 산책가'로 지칭할 정도였다.

장 자크 루소 역시 "보행에는 내 생각과 활력과 생기를 부여하는 그 무언가가 있다."라고 하여 걷기의 가치를 언급했다. 공자는 스승을 찾아 긴 세월을 걸었고 스승이 된 후에도 걸었다. 석가도 구도 여행을 멈추지 않았으며 플라톤의 설법은 걷기와 무관하지 않다. 나사렛 청년 예수도 제자와 유랑했으며 변두리 갈릴리를 향해 먼 길을 걷지 않았던가. 시대를 막론하고 걷기는 많은 이들에게 의미 있는 수행이었음을 짐작해 본다.

나의 걷기도 가당치 않은 현자 따라잡기가 아닐까.

- 걷기 예찬

세상이라는 텍스트는 우리에게 많은 것을 요구한다. 경쟁에서 낙오되지 않기 위해 날마다 구두끈을 고쳐 매고 때론 방향도 모른 채 어디론가 뛰어간다. 광야에 선 듯 외롭고 허기진다.

걷는 자에게 주어지는 보상은 의외로 많다. 교통수단을 포기하고 속도를 버렸을 때 시간의 온전한 주인은 나다. 마음 내키는 대로 완급을 조절하고 가다가 멈추어 풍경에 취한다. 웃자란 생각을 가지치기 하고 대지의 정기를 의심 없이 받아들인다. 페인트가 살짝 벗겨진 벤치에 걸터앉아 느리게 움직이는 민달팽이를 관찰하거나 비 갠 후 탄성매트를 부지런히 달려가는 지렁이를 본다. 건너편 아파트의 불빛을 망연히 바라봐도 좋다.

걷다 보면 숲이 다가와 말을 건네는가 하면 바람은 무심히 등을 떠민다. 나무는 천천히 가라며 붙잡기도 한다. 걷지 않고서야 중앙공원에 철쭉이 피고 지는지, 수목에 물이 얼마나 올랐는지, 간밤에 개부심 스친 흙이 촉촉해졌는지 알 수 있으랴.

코스모스 흰 꽃잎이 계절을 잊은 채 한여름에 피었다가 당황한 내 시선을 피하지 못해 연분홍으로 물든 것도 걸으면서 본 것이다. 애기똥풀과 제비꽃도 느리게 걸어야 보인다.

걷기 시작하면 나른하게 퍼져 있던 온몸의 세포들이 들숨과 날숨을 따라 피돌기를 시작한다. 일상에서 나를 짓누르던 것들도 별일 아니라며 등을 토닥인다.

걷기는 단순한 장소 이동의 수단이나 대표적인 유산소 운동만은 아니다. 비움과 채움의 반복 작용에 없어서는 안 될 자기 확인의 여가 활동이다. 영화 관람에 버금가는 즐거움이며, 지리한 삶에 지친 내게 주는 선물이다. 사유의 연장이며 움직이는 독서다. 드물게나마 발로 쓰는 문장을 낳기도 한다. 풀리지 않던 글의 결미도 걷다 보면 어느새

다가온다.

걷는다고 각다분한 삶에 면죄부를 얻거나 현실의 중압감이 가벼워지는 것은 아니다. 능동적인 몸짓과 사색을 통해 거친 삶에서 잠시 숨을 가다듬을 뿐이다. 걷는 것은 가진 것을 비워내 조촐해 하는 헐벗음의 훈련이다.

어느 곳이건 발길 닿는 곳이면 제한이 있으랴만 최상의 걷기는 제주의 올레길이다. 산방산을 바라보며 안덕 사계해안도로를 걸을 때였다. 들숨으로 들이켠 바다는 한나절을 마셨으나 줄어들지 않았다.

노을이 번지기 시작했다. 바다를 발밑에 두고 구름 몇 자락 드리워진 서쪽 하늘 언저리에 진주홍으로 번지는 해넘이를 바라보았다. 그 순간에 걸맞은 찬사를 찾는 일은 무의미했다. 눈에 가슴에 담아두면 그만이었다.

감탄사를 삼키며 노을에 취해있는데 '히이잉-.' 울음소리가 들렸다. 뒤편에서 진갈색의 말은 나를 압도했다. 앞아서 바라보기엔 키가 컸다. 나도 모르게 일어나 눈을 맞추었다. 녀석은 '날마다 보는 정경이거늘 무슨 호들갑이냐.'며 머리를 세차게 흔들었다. 가소롭다는 듯 갈기를 나풀거리며 노을과 나를 바라보았다. 나의 훼방이 거슬렸을까. 겸연쩍은 마음에 가던 길을 재촉했다. 순간 녀석의 삶의 질이 나보다 우월해 보였다.

- 비우고 채우며

삶은 여행 가방을 채우고 비우는 일이다. 채웠던 것을 비우지 않으면 길을 떠날 수 없다. 빈 가방은 채워야만 여행길에 오를 수 있다. 마주 앉아 나누는 술잔도 비워야 만이 채워진다. 비워낸 곳에만 채워지는 평범한 진리다.

인생은 흘러가는 것이 아니다. 모래시계처럼 채우고 비우는 과정의 연속이다. 채우려는 마음만 앞세우면 공허함만 남는다. 삶의 가치는 어떻게 비우고 무엇을 채우느냐에 따라 달라진다. "내 속엔 내가 너무도 많아 당신의 쉴 곳이 없다."던 노랫말이 떠오른다. 무언가로 가득 찬 마음으로는 그 무엇도 받아들일 수 없다.

오늘도 뛰기보다는 걷는다. 걷기는 나의 의지대로 온전히 행할 수 있는 몇 안 되는 일 중의 하나다. 가진 것이 없다고 생각될수록 비울 일이다. 비운 자리에 다시 채워지리라. 보폭을 넓히거나 속도를 높이지 않아도 좋다. 비우고 채우기 위해 걷는다. 비우지 않고 채울 수 있으랴. 오늘도 안단테(andante)로 걷는다.

소금이 올 때까지

휴일 오후 중명전을 찾았다. 중명전은 궁중에 지어진 서양식 건물로, 을사늑약이 체결되고 헤이그에 특사를 파견했던 시련의 근대사를 간직한 곳이다. 광복 70년의 기념 전시를 알리는 '오, 중명전!' 현수막이 바람에 나풀거렸다. 뜰에는 서둘러 단장한 듯 시멘트 화단의 잔디가 자리를 잡아가고 있었다.

전시장을 나와 정동길을 걸었다. 그 길을 걸을 때면 친구 J가 생각나곤 한다. 나의 수필 〈나무〉의 발단이 되었던 문화일보 홀이 멀지 않았기에 그날을 회상하며 걸었다. '나무'는 두 번째 수필집의 표제작으로 2001년 J의 귀국 연주회장에서 연주자들의 품에 안긴 악기, 그것들의 재료인 나무와 삶을 비유한 수필이다.

관현악단과의 협연으로 열린 연주회 무대는 아늑했다. 그런 무대라면 어떤 공연이나 연주도 포근히 감싸 줄 분위기였다. 그녀의 차례가 오기를 마음 조이며 기다렸다.

드디어 J의 순서였다. 메조 소프라노였던 그녀가 고음으로 갈수록 덩달아 긴장했다. 메조는 소프라노와 알토의 중간에 속한 음역으로 소프라노보다 포근하고 알토보다 부드러웠다. 볼륨 있는 친구의 음색과 잘 어울렸다. 무사히 연주를 마친 친구가 자랑스럽고 대견했다.

J는 나의 결혼식에 축가를 불러주었으며, 겨울밤 충장로의 음악감상실에서 주옥같은 아리아로 따뜻한 추억을 안겨주었다.

성악에 특기가 있던 J는 함께 유아교육을 전공했으나 졸업 후 음대에 다시 진학했다. 그 후 독일에 7년 간 유학하여 귀국 후에는 간간이 지방대학 강의를 맡았다. 어렵사리 오픈한 개인 스튜디오도 지속하지 못했다. 몇 해 전 다른 길을 모색하기 위한 그녀의 미국행을 전해 들었다. 세월은 J의 조바심을 모른다는 듯 속도를 늦추지 않았다.

누구보다 열심히 달려온 그녀의 시간을 보상받는 일은 시간이 흐를수록 어려워보였다. 그녀의 삶을 떠올리면 살바도르 달리의 작품 〈기억의 지속〉의 시계가 생각났다. J의 시간이 현실감과 탄력을 잃고 그림 속 시계처럼 느즈러진 것은 아닌지 불안했다. J가 튼실한 나무로 뿌리내려 후학들을 양성하는 성악가가 되기를 바랐던 내 마음의 반영일까. 요즘에도 음악회에 가면 그녀를 떠올린다.

삶은 저마다의 뿌리내림을 위한 안간힘이다. 나 역시 나무를 이식하고 잎을 가꾸는 과정에서 곡절이 많았다, 그것은 전 가족과 함께 거주와 직장을 옮기는 일이었기에 긴장도가 높았다. 그 시간들을 떠올리면 아스라하다.

수필을 쓴 지 이십여 년이 가까워간다. 초창기에는 잠깐 나를 스치고 지나치려는 문장과 사유의 단서에 민감하게 반응했다. 그 기척들을 놓치지 않으려 극진히 예우했다. 글감이 될 만한 발상은 행여 자취가 사라질세라 먼저 달려가 맞았다. 꼬투리라도 놓치지 않으려 예민한 촉수를 드리웠다.

이제는 가급적 많은 것을 절제하고자 한다. 촘촘한 그물망 대신 성긴 그물을 드리운다. 많은 것들이 빠져나간 자리는 스산하다. 미문을 경계하고 담백함을 추구하기 위해 언제부턴가 문장을 지우는 일도 다반사다. 그 때문인가. 문장은 윤기를 잃고 글썽이는 삶의 순간을 외면하기 십상이다.

거기에 더해 새로움을 추구하려는 욕구와 자주 부딪힌다. 예시例示와 일반화一般化의 무난한 진행에서 벗어나고 싶을 때도 많다. 나의 구체적인 경험이 공감을 얻지 못한다면 개인의 체험에 그치고 말 것이다. 조급한 것은 마음뿐, 펜이 따라주는 것은 아니다.

소금은 바닷물을 가두고 햇빛과 바람과 사람이 함께 만든다. 매달 보름과 그믐을 기준으로 시작되는 소금 농사는 조수간만의 차가 큰 사리가 적기다. 바닷물을 염전에 끌어들여 몇 차례 증발을 거치면

시나브로 하얀 결정체가 생기기 시작한다. 그것을 밀어 한곳으로 모아 소금 창고에서 묵히며 간수를 제거해야만이 진정한 소금으로 태어난다.

  염부들은 소금을 모으는 일을 '소금이 온다.', '소금꽃이 핀다.'고 한다던가. 지난한 과정을 거친 땀과 노력의 결실이건만 자신들의 노동은 굳이 내세우지 않는다. 마치 그것이 올 때까지 기다리기만 한 것처럼…. 나야말로 소금이 올 때를 기다려야겠다.

받아쓰기

열차가 검암역을 출발했다. 인천공항을 출발하여 서울역을 거치는 KTX 경부선이었다. 아라뱃길의 풍경이 창밖으로 펼쳐질 즈음 통로 반대편의 좌석이 소란스러웠다. 볼이 통통한 아이는 안경테 장식이 화려한 할머니가 건네준 휴대전화를 받았다. 통화를 끝내고 할머니에게 말했다.

"할머니, 엄마가 할머니랑 기차 안에서 받아쓰기 숙제 끝내고 오래요."

기다렸다는 듯 할머니의 문제 출제가 시작되었다.

"1번 요·양·워~언."

할머니 특유의 발음은 아이가 받아 적기에 맞춤한 속도였다. 게다가 한 음절씩 끊어 읽어주니 입 모양을 따라해 보며 쓰기 시작했다.

"2번은 의·료·기~이."

아이는 고개를 갸웃하더니 '료'는 써본 적이 없다며 뭔지 되물었다. 할머니는 '요'가 아니라 '료'라며 강한 악센트를 주었다. 아이에게 '료'는 아직 어려운 글자인 모양이었다.

할머니는 아이의 얼굴을 마주보며 입 모양을 재정비했다. 최선을 다해 혀를 굴린 발음을 재차 느리게 들려주었다. 아이는 그제야 알겠다는 표정으로 뭔가를 적었다. 공책을 보던 할머니가 머리를 쓰다듬었다. 아이는 다음을 재촉했다.

3번 '게이트 보올~.'

'게'는 멍멍개야? 라는 물음을 시작으로 아이의 질문이 계속되었다. 할머니는 집게 달린 '게'라며 검지와 중지로 집게를 만들어 애써 설명했으나 아이는 쓰기를 멈추었다. 창틀에 발을 올리거나 탁자 밑에 떨어진 인형옷을 줍기도 했다. 출제자와 수험생 간의 미묘한 정적은 철교를 달리는 소음으로 무마되었다.

출제를 포기한 할머니는 단잠에 빠졌다. 할머니의 작고 고른 코골이는 열차의 규칙적인 소음과 절묘한 조화를 이루었다. 열차가 덜컹이며 소리를 매기면 할머니는 잔잔한 코골이로 추임새를 넣었다. 짧은 갈등의 순간이 지나자 아이도 휴대폰을 만지작거리다가 잠이 들었다. 할머니와 아이의 낮잠은 평화로웠다. 열차는 어느덧 한강을 지나 서울역에 진입했다.

할머니의 받아쓰기 문제는 그녀의 관심사를 대변했다. 친구 서너

명은 요양원에 있을 것이며, 자신의 요통을 다스릴 의료기 하나쯤은 당장 필요할지 모른다. 노인정에서는 게이트볼 대회에 대비한 연습이 시작되었을까. 문제가 7, 8번을 넘을 때면 '노인요양보험'이나 '임플란트'도 출제했을지 모른다. 아이의 상황을 전혀 고려하지 않은 자기중심적인 출제였다.

어디선가 보았던, 낯설지 않은 현상이었다. 사람들은 자신의 입장이 최우선이다. 그것을 위해 목소리를 높인다. 상대방이 처한 상황은 고려 대상이 아니다. 듣는 사람도 마찬가지다. 자신이 받아 적고 싶은 것만을 선별하여 적는다.

언제부턴가 정서 상태와 의식의 흐름을 제때에 받아써야 한다는 강박이 생기기 시작했다. 근래에 더했다. 스쳐가는 생각들이 연기처럼 사라지곤 하는 증상이 심해지면서부터다. 자동이체는 통장에 기록한 줄이라도 남겼으나 뇌가 주관한 의식의 잔재는 연기처럼 사라졌다.

인간관계도 받아쓰기다. 상대방이 던지는 무언의 암시나 불러주는 어휘를 제대로 듣지 못하면 문항을 놓치거나 오답을 내놓는다. 재차 물어서 진의를 파악하는 번거로움을 거치지 않으면 오해의 벽을 쌓고, 끝내 벽을 허물지 못한 채 지내기도 한다. 반면 받아써야 하는 상대방의 관심사와는 무관한 주관적인 질문으로 일관한다면 관계에 오류가 발생한다.

주변을 둘러보면 내가 받아써야 할 것 천지다. 상대적이지만 직장에서는 직원들의 마음으로 받아쓸 수 있으면 좋은 상사다. 가족의 표정에서 파생되는 것들도 습관처럼 받아쓰게 된다. 글씨로 쓰이지 않았지만 행간에 넣은 기록도 많다. 오고가는 계절의 경이로움을 받아 쓰지 않을 수 없으며 영화가 주는 잔잔한 감동을 외면할 수 없다. 삶이 들려준 내면의 소리와 사물들이 건네는 고조곤한 속삭임, 무의식이 들려주는 이야기를 빼놓고는 글을 쓸 수 없다.

  삶은 받아쓰기의 연속이다. 라이너 마리아 릴케는 바람결에 들려오는 소리를 받아쓴 것이 자신의 문학이라고 했다. 나는 시간이 전하는 것들을 받아쓰곤 한다. 습관과 고정관념의 굳은살을 빼면 어제 보았던 대상이 다른 의미로 다가온다. 바람의 소리, 시간의 소리에 귀 기울인다.

  열차는 광명을 벗어나자 비로소 제 속도를 내기 시작한다. 받아쓰기를 포기한 할머니와 손녀의 낮잠도 본 궤도에 진입했다.

나의 표절기

중학교 2학년 때였다. 새로 부임해온 국어 선생님이 처음 내준 과제는 '봄'에 대한 글짓기였다. 선생님의 관심을 얻는 일은 숙제를 보란 듯이 해 내는 것이었다.

봄은 도처에 널려 있었으나 아지랑이, 개나리, 진달래 따위로는 선생님의 시선을 끌 수가 없었다. 봄이 넘실대는 탐진강변을 걸을까 하다가 베낄 거리를 찾기로 했다.

집에는 언니와 오빠가 월부로 들여놓은 문학전집 등이 많았다. 그중에서 훔칠 대목을 찾는 일은 생각만큼 쉽지 않았다. '구글'이나 '네이버'도 없던 시절이었다. 고심 끝에 어느 잡지의 봄호를 찾아냈다. 이해되지 않은 부분도 있었으나 건질 것은 있었다.

"봄은 물레방앗간 낙수 소리가 들리는 계절이다."였다. 흡족하진 않았으나 그 문장을 서두에 놓고 '봄은…'으로 시작하는 문단을 몇 개 써내려 갔다. 내가 급조한 문장에 대한 기억은 오간 데 없고 들어본 적도 없는 '물레방앗간 낙수 소리'만이 지금도 또렷하다.

표절도 쉽지는 않았다. 한 문단에서 많은 구절을 도용하는 것은 도리가 아닌 것 같아 한 페이지에서 두 문장 정도만 슬쩍 했다. 도용한 문장들도 문맥은 통해야 했다. 나의 정서와는 무관한 짜깁기투성이를 제출했다.

그 정도에서 끝났으면 좋았으리라. 이튿날 국어 시간이 되자 선생님은 명순이와 나의 글을 읽어주는 것이 아닌가. 나는 당황해서 고개를 들지 못했다. 내가 들어도 겉도는 미문들과 억지로 짜 맞춘 부실 공사의 현장을 들킨 기분이었다. 어쩌자고 내 것이 아닌 문장들이 버젓이 내 이름으로 읽히고 그것으로 칭찬까지 듣는단 말인가.

암담했으나 돌이킬 수도 없었다. 선생님과 친구들에게 그것에 대해 말할 용기는 더더욱 없었다. 그로 인해 '물레방앗간 낙수 소리'의 환청이 들리던 봄은 우울하게 지나갔다.

표절은 그것으로 끝나지 않았다. 이십대에는 연애도 아닌, 연애 아닌 것도 아닌 모호한 관계가 가끔 스쳤다. SNS도 없던 시절인지라 더러 손편지가 오고갔다. 전과가 있던 나는 "내 사랑하리, 시월의 강물을…"로 시작되는 황동규의 시구를 작은따옴표를 씌어 슬쩍 걸쳤다.

그 후 수필을 쓰면서 관련 글감을 포털사이트에서 검색할 때도 표절의 유혹은 집요했다. 출처를 알 수 없는 정보는 넘쳤으나, 옥석을 가리는 일이 만만치 않았다. 수필은 장르 특성상 작가의 진솔한 삶의 태도와 밀접한 터라, 나의 생각이 중요했다. 도용한 애매한 문장은 겉돌기만 할 뿐 도움이 되지 않았다.

근래 모 작가의 표절剽竊 파문에 문학계는 큰 충격에 휩싸였다. 오래전부터 그녀의 표절 논란은 분분했으나 유야무야되곤 했다. 그녀는 한국문단은 물론 해외에서도 인정받은, 메이저 출판사의 간판 필자가 아닌가. 자신의 상처를 치유하듯 써내려간 그간의 소설과 작가 특유의 주된 정서였던 '죄책감'에 공감하는 독자층은 두터웠다. 노동의 피로와 가난, 질긴 외로움의 '외딴 방'에서 나온 그녀는 어느덧 위선과 거짓의 '외딴 성城'의 주인이 되어 있었다.

그녀는 도시의 산업화가 앗아간 소중한 것들을 자신만의 절실한 색채로 담아냈다. 나는 작가의 '외딴 방'을 지배하던 희재 언니를 죽게 만든 것은 자신이라고 생각하던 주인공의 등을 토닥여주고 싶었다. 그녀의 소설이 안겨준 감동은 온전히 나의 것이었기 때문에 소설과 함께한 시간 무의미한 것은 아니었다고 생각한다. 그러나 함께한 나의 시간조차 배신당한 기분이 드는 것은 왜일까.

그녀는 최소한 작가적 양심만은 잃지 않았어야 했다. 피할 수 없는 사회적 질타는 남의 글을 베껴서만은 아니다. 모 신문과의 인터뷰에서, "미시마 유키오의 소설《우국》의 문장과《전설》의 문장을 여러 차례

대조해 본 결과, 표절이란 문제 제기를 하는 게 맞겠다는 생각이 들었다. 나도 내 기억을 믿을 수 없는 상황이 됐다. 문학이란 땅에서 넘어졌으니 그 땅을 짚고 일어나겠다. (작품을) 가슴에 묻어야 할 것 같다."라고 했다. 여러 번 곱씹어도 진의 파악이 쉽지 않다. 표절을 인정하지도 부인하지도 않은 우회적인 어법에 실망했다.

이를 두고 '한국 문학의 몰락'이라는 극단적 표현도 오고갔다. 기다렸다는 듯 검찰에 수사를 의뢰했다니 문학의 위상을 스스로 부정하는 것은 아닐까. 문단의 일부 원로들은 제자리 지키기에만 연연하고 노스님의 일갈처럼 죽비로 질타할 어른은 없었다.

이번 일에는 출판사의 책임이 가볍지 않다. 창비는 1960, 70년대만 해도 《창작과비평》이라는 계간지로 행동하는 지식인의 대변지였으나 축적된 문학권력을 유지하고 자본 논리에 충실한 출판사로 변절했다. 자존심도 버린 것인가.

수필은 장르의 특성상 자신의 작품에서 온전히 숨을 만한 공간이 없다. 나는 종종 한계에 부딪힌다. 구성상 허구를 차용할 때조차도 불필요한 고민에 빠진다. 몽테뉴는 그의 수상록에서 수필은 "자기의 깊은 사색과 철학과 인간학을 여과하여 문자화 한 것"이라고 했던가. 가난한 상상력과 상식에 의지할지언정, 내 것이 아닌 것을 내 것인 양 시치미 뗄 수는 없다.

새삼스러운 표절기를 들추고 보니 사십 년 전의 시간이 다시 재연된다. 한때의 해프닝으로 떠오르지만 이렇듯 생생한 것은 내가 저지른

범죄의 추억이 그만큼 집요했기 때문이리라. 나는 그녀에게 돌을 던질 수 있을까.

나는 퇴고한다, 고로 존재한다

 신도림역 지하철교 아래를 지날 때였다. 젊은이들이 스프레이로 벽화를 그리고 있었다. 독한 냄새로 잠시 구경하기도 어려웠으나 마스크를 쓴 그들의 행동은 자못 진지해 보였다. 그래피티(graffiti)였다. 불법이라지만 언제부턴가 자신의 흔적을 남기는 문화로 자리 잡았다. 타인의 작품에 덧칠하는 일은 그들만의 묵계인 듯 그곳을 지날 때면 바뀐 그림을 만나곤 했다. 자신의 작업에 대한 자부심일까.
 수필에서도 그런 일이 허용된다면 어떤 일이 벌어질까. 누군가의 글에 더 나은 작품으로 덧칠하는 일이 벌어진다면 수필계의 지각 변동은 짐작하기 어렵겠다. 이런 점에서 수필은 마냥 무풍지대다. 내 글이 부족하다 해도 정색하며 비평받은 적 없으니 부끄러움을 잊은 채 습관처럼 지면을 확보해 나간다.
 내 글쓰기는 의식에 고인 소멸에 대한 집착이다. 거기에 더해 존재 인식의 소리 없는 아우성이다. 내 의식의 감지기는 참신한 것을 찾아 두리번거리다가, 이미 존재했던 대상일지라도 처음 만난 것처럼 말을 건넨다. 가끔은 대상이 내게 말을 건넨 적도 있다. 바람이 있다면 내가 그 소재를 원한 것이 아니라 그 소재가 나를 강렬히 원했던 것으로 여길 만한 그런 글을 쓰고 싶다.
 글감을 만나면 카피 한 줄에 매달리는 카피라이터나 신상품 기획자의 치열함 대신 저잣거리를 느리게 어슬렁거린다. 억새 즐비한 산책로를 마냥 걷기도 한다. 심상의 더듬이를 작동한 채 걷다보면 가끔은 어제 보이지 않았던 것들이 촉수에 걸리는 전율을 느낀다. 한 가지 화두의 안테나에 그것과 연관된 전파가 선별되어 잡히기도 한다. 은밀한 즐거움이다.
 우리는 타인의 생에 대해서 평가의 잣대를 들이대지 않는다. 시연 없는 무대이기 때문이다. 시행착오를 수정할 기회가 없는 일회성은 삶의 속성이 아닌가.
 수필이 삶과 다른 점은 첨삭이 가능하다는 점이다. 한 편의 글을 위해 작가는 반추하고 자문한다. 사유의 수혈을 받고자 안간힘을 기울인다.
 문학은 언어를 도구로 사용한다. 많은 사람들이 사용해온 언어는 닳고 닳아 지나치게 상투적이다. 때론 단단한 껍질에 둘러싸인 개념

덩어리만 잡힌다. 드러내고 싶은 이미지들은 도리어 언어에 훼손당한다. 내가 표현하려는 것과 언어와의 사이는 또 얼마나 거리가 먼가.

언어의 훼방을 극복하기 위한 필수 과정은 퇴고다. 퇴고를 통한 수많은 시행착오를 나는 기꺼워한다. 내가 표현하고자 했던 것이 언어에 의해 매장당하지 않았는지 살핀다. 그것들을 들추어 생명을 불어넣어야 한다. 그 과정에서 솔직하고 쉽게 표현될 부분을 미화했거나 과장되게 부풀린 대목이 불거진다. 추상적이거나 논리성이 결여된 대목도 추려낸다. 무엇보다 일시적인 감정이나 순간적인 느낌에 치우치지 않았는지 냉정해지려고 작정한다. 상투적인 표현이나 군더더기를 덜어내고 습관적인 오류는 사유의 거름종이에 여과시킨다. 신변적인 소재에서 시작했을지라도 객관적 체험의 소재로 외연을 확장하는 것도 빼놓을 수 없는 중요한 일이다.

이제 나의 수필이 감나무의 풋감보다는 푸른 열매가 늦가을 풍상을 겪은 곶감이 되기까지 기다려야 한다. 곶감에 시설柹雪이 내려앉을 때까지 바람과 시간에 글을 맡긴다. 시나브로 숙성되기를 기다린다. 그러나 충분한 시간이 주어져야만이 가능한 일이다. 청탁에 겨우 맞추는 글이라면 그윽한 곶감의 맛이 아닌, 어설픈 떫은 맛이 나기 십상이다.

오늘도 버릴 것을 찾기 위해 빨간 펜을 든다. 주제와 거리가 먼 문장일수록 버리기 아까울 때가 많다. 냉정해지지 않으면 군더더기만 쌓인다. 생각이 무르익고 첨삭을 더해갈수록 글은 짧아지기 마련이다. 헤밍웨이는 한 작품의 마지막 페이지를 마흔 번 남짓 고쳐 썼다니 퇴고에 적정선이 있을 리 없다. 시간이 없어서 글이 길어졌다는 말은 새길 만하다.

나의 수필이 단순한 기록에서 머무르지 않기를 바란다. 밀란 쿤데라의 말처럼 쓰는 일이 '일시적인 것에 대한 연민이요, 소멸적인 것에 대한 구원'만은 아니기 때문이다.

그런 수필이었으면

― 고객님, 당황하셨습니까?

가끔은 일요일 밤, 웃자고 달려드는 〈개그 콘서트〉를 본다. 세계테마여행이나 다큐멘터리가 주는 간접경험으로는 왠지 부족함을 느꼈거나, 1주일 동안 웃을 일이 없었다면 채널을 고정할 만하다.

영화 〈황해〉를 패러디한 코너다. 출연자들은 연변 특유의 말투를 쓰는 보이스피싱 사기단이다. 반복 훈련을 통해 실전에 돌입하지만 매번 실패한다. 전화를 받은 상대방이 처음엔 관심을 보이지만, 그들의 어설픈 각본에 좀처럼 말려들지 않기 때문이다.

그럴 때마다 당황한 것은 사기단이다. 그러나 내색할 수 없으니 도리어 반문한다.

"고객님, 당황하셨습니까?"

이쯤 되면 어김없이 연변 특유의 사투리가 튀어나오고 작전은 수포로 돌아간다. 당황하기보다 황당해진 상대방과의 통화는 더 이상 이어지지 않는다. 어딘지 모르게 낯익다. 독자는 미동도 없는데,

"독자님, 제 글에 감동하셨습니까?"
라고 묻는 수필을 읽은 것 같다.

감동할 마음이 전혀 없는 독자에게 은근히 공감을 강요한 적이 있었다. 읽는 이의 고개를 끄덕이게 하거나 슬며시 미소 짓게 하는 그런 수필이었으면….

-손님, 이 옷은 안 어울려요

인왕산 아래 경복궁의 서쪽 동네인 서촌이 부상浮上하고 있다. 낡은 간판과 아기자기한 공방, 점차 늘어나기 시작한 자그마한 카페들. 옥인동의 오래된 한옥과 미로처럼 이어지는 좁은 골목길은 그곳만의 정취다.

목적지 없이 느리게 걷고 싶은 날, 친구와 함께 앞서거니 뒤서거니 하며 서촌을 걸었다. 시간이 멈춘 듯한 동네에서 이발소 안을 기웃거리다가 골목의 너비를 가늠하여 두 팔을 벌려보기도 했다.

한참을 걷다 보니 통인시장이었다. 시장의 모습은 어느 곳이나 별로

다를 게 없었다. 마침 독특한 분위기의 옷집이 눈에 띄었다. 지나칠 이유가 없었다. 여주인은 늘 만나던 사이인 양 편안하게 웃었다. 그뿐이었다. 무슨 옷을 찾는지 묻거나, 골라 보라는 말도 없었다.

연두색 바탕에 잔잔한 꽃무늬 원피스가 나를 향해 손짓했다. 재질도 순면이어서, 언젠가는 입어보고 싶었던 분위기였다. 옷걸이째 들고 앞뒤를 살피며 망설였다. 그제서야 주인 여자가 다가왔다.

"어머, 이 옷은 손님께는 어울리지 않아요."

귀를 의심했다. 설사 어울리지 않는다 해도 '잘 어울려요.'가 어울리는 상황이 아닌가. 기분이 야릇했다. 그렇다고 선뜻 다른 옷을 권하지도 않았다. 손님이 고른 옷을 퇴짜 놓는 일은 그녀만의 방식인 듯, 뒤이어 들어오는 이에게도 당당하게 어울리지 않는다고 말했다.

왠지 모를 반발심마저 생길 때쯤, 주인은 초록과 검은 색이 대담하게 페인팅 된 박스형 자켓을 들고 거울 앞으로 나를 이끌었다.

"이 옷이 손님께는 잘 어울려요. 입어보시죠?"

낮고 부드러운 그녀의 말씨는 거역할 수 없는 카리스마가 내장된 것이 분명했다. 입어보니 어울리는 것 같았다. 지갑을 열었다.

마케팅의 각도가 달랐다. 기존의 영업 방식을 뒤엎은 역사고의 발상이었다. 소비자의 구매 심리를 치밀하게 연구한 결과인지 모른다. 옷집도 판매 방식이 남달라야 하는 것을, 나는 왜 새롭지도 않은 생각을 굳이 쓰려 할까. 쓰지 않고는 배길 수 없을 때만 써야 하거늘….

- **피아노 계단**

　국철 1호선과 인천 지하철의 환승역인 부평역은 이용객이 많다. 출·퇴근 시간에는 걷기에 불편할 정도다. 자신의 목적지를 향해 묵묵히 걷는 사람들은 표정이 없다. 에스컬레이터를 타기 위해 기다릴 때에도, 잠시 후 전동차가 들어온다는 안내 방송이 나와도 무표정하다. 아마 그곳에서 밝은 웃음을 웃는 이가 있다면, 머리에 꽃을 꽂지 않았어도 이상한 사람으로 보일 것이다.

　어제도 표정 없는 사람이 되어 걷는데 어디선가 음악 소리가 들렸다. 8음계가 '딩딩당-'의 전자음으로 들렸다. 의외였다. 맑은 선율은 아니었으나 사람들의 관심을 붙들기엔 충분했다. 에스컬레이터 옆 계단이었다. 행인이 한 발 한 발 계단을 딛을 때마다 바닥에 하얀 불이 켜지며 '도레미파솔라시도' 소리를 냈다.

　어두운 조명으로 칙칙하던 환승 통로에 활기가 넘쳤다. 내가 직접 밟아서 나온 소리가 아니었음에도 미소 짓는 이들이 많았다. 종로에도 건반을 밟으면 소리가 나는 곳이 있지만, 인파로 넘치는 계단에 피아노 건반을 설치한 이의 발상이 돋보였다. 고정관념의 참신한 전환, 그만하면 성공이다.

　그런 수필이었으면….

화장실 앞에서

지난 연말 뮤지컬 공연장에서였다. 휴식 시간이 되어 화장실에 갔다. 대리석 벽면의 복도에서 두리번거릴 때 '♂ㅣ♀' 표시가 눈에 띄었다. 잠시 망설이다가 상냥해 보이는 ♂표시가 손짓하는 쪽으로 향했다. 남편은 나와 다른 곳으로 가면 된다는 확신에서인지 다른 문을 선택했다. 평소 텔레비전 채널권 확보 같은 사소한 영역 다툼이 없는 것은 아니지만 나에 대한 막역한 신뢰의 표출이리라. 출입문을 조심스레 밀자 하얀 도기의 남성 변기가 수직으로 보란 듯이 서 있었다. 서둘러 문을 닫았다.

기호학적 단서에 무딘 나는 예전에도 두어 번 같은 실수를 한 터라 화장실 앞에서 긴장한다. 그도 그럴 것이 건물에 따라 남성 화장실이

초입에 있는가 하면 어느 곳은 서로 반대편에 있거나 여성용이 먼저 눈에 띄기도 한다. 요즘에는 화장실의 간단한 픽토그램(pictogram)도 혼돈하니 분별력의 총체적 저하를 실감하는 중이다.

나는 화장실 사용 질서 문란의 의도가 전혀 없는 사람이다. 기호는 의미를 담은 도형이므로 문자보다 식별이 용이해야 할 터, 굳이 책임 소재를 따진다면 장소마다 제멋대로인 픽토그램을 도안한 디자이너와 건물주이다.

예전에는 이런 일까지 나를 괴롭히지는 않았다. '숙녀용', '신사용'이라는 단순한 팻말만으로 그 역할에 부족함이 없었으나 치마의 여인과 바지 입은 남성으로 발전하더니, 요즘엔 그 정도로는 어림없다는 듯 세련된 디자인과 기발한 것들이 넘친다.

카페 등의 화장실 픽토그램은 가히 춘추전국시대다. 동그란 머리 형상에 삼각형과 역삼각형만으로 남녀의 신체적 특성을 구분하고, 곡선이 날렵한 차양모자와 무표정한 중절모로 나누기도 한다. 단골 영화관은 바탕색의 조형미까지 고려한 문에 비스듬히 기울어진 W와 M이 유일한 단서다. 좌변기에 앉은 여성과 서서 일 보는 남성의 실루엣을 그려놓았는가 하면, 나란한 두 개의 문에 망토를 두른 소년·소녀가 손잡는 그림도 있다. 외국도 마찬가지다. 감각적이고 세련된 개성을 살린 디자인에 나라만의 문화적 코드를 내세우거나 민망할 정도의 사실적 그림이 주는 당혹감도 있다.

다양함이 문제시 될 리 없다. 이런 현상은 '성性'을 위트 있게 표현

할 수 있는 문화적 여유의 방증이리라. 화장실이 용변만을 위한 장소가 아닌 색다른 문화공간으로 격상되면서 전망 좋은 곳에 설계하는 곳이 늘어간다.

픽토그램은 지식과 무관하게 즉각적인 이해가 가능하다. 중국의 설치미술가 쉬빙(Xu Bing)은 글자 없는 책을 발간했다. 7년 만에 완성한 《지서地書》는 전세계에서 수집한 '이모티콘'과 '픽토그램' 2,500여 개로 쓰였다. 책은 글자로 써야 한다는 통념을 뒤흔든 이 책이 모국어와 무관하게 문맹자도 읽을 수 있는 이유는 이모티콘이 국제적으로 통용되기 때문이다.

엉뚱한 형식에 비해 내용은 소박하다. 직장인인 주인공 '미스터 블랙'은 그의 일상과 삶의 애환은 물론 데이트 약속 등 모든 이야기를 기호로 전달한다. 무엇이든 읽어야 직성이 풀리는 글자 중독자나 고정관념에 사로잡힌 사람들에게 기호를 이용한 일상의 코드화는 참신한 발상이다. 기호를 언어로 제안한 내용은 동 시대의 삶에 관여되어 살아가는 사람이라면 모두가 읽을 수 있다. 다소 치기어린 감도 있지만 문자 이외의 소통 언어의 필요성을 부각시키고 독자마다 다른 상상력으로 읽는 재미를 준다.

남·녀 화장실의 구분조차 더딘 나는 삶이 제시했던 몇 개의 픽토그램도 알아채지 못했을 것이다. 내가 감지하지 못한 채 보내버린 수많은 관계의 기호들도 많았으리라. 내가 보낸 기호를 수신하지 못해 스쳐버린 인연, 서로 어긋난 기호 해독으로 인해 원치 않은 결말로 치달았던 관계인들 없었을까.

  지금도 불필요한 언어의 모래성을 쌓고 있는지 모른다. 간단한 기호나 상징만으로 소통이 가능한데 중언부언을 일삼아 원고지를 채운다. 20매의 글을 절반으로 줄인 후의 기쁨을 모르지 않으나, 필요 이상으로 장황하게 설명과 묘사를 나열한다. 픽토그램 몇 컷이면 될 일이었다.

  누군가와 마주한 찻집, 질펀한 말의 향연 속에서 굳이 상대방과 공통분모를 찾으려 한 일도 많다. 지나치게 많은 글을 발표했으며 필요 이상으로 많은 말을 쏟았다. 너무 많이 발설하고 적게 생각했다.

  화장실 앞에서 주춤한 내게, 언어와 침묵의 중간쯤인 기호가 말을 건넨다.

비상구는 없었다
- 2012년을 묻다 - 영화 〈피에타, Pieta〉

'발견했던 것이 기대했던 게 아니면 더 좋다.'

― 로베르 르베송(Bressan)

    2012년 베니스 영화제는 김기덕 감독의 〈피에타, Pieta〉에 최고의 영예를 안겼다. 영화의 암울한 현실이 관객의 극한 감정을 이끌어 내는데 성공했으니 '황금사자상'은 당연한 결과인지도 모른다. 백만 관객 중의 하나였던 나는 그가 깔아놓은 금기와 엽기의 미학에 당혹해 하며 어둡고 불편한 화면으로 빠져들었다.
    '이강도' 이름부터 서늘했다. 주인공인 그는 철거 직전의 철공소가 밀집한 청계천을 무대로 살아가는 사채업자다. 그는 고리高利로 불어난

돈을 갚지 못한 영세업자에게 잔인한 상해를 가해 보험금을 뜯어내는 악질의 영업 방식으로 살아간다. 어느 날 그에게 "이강도! 미안해 널 버려서"라고 말했으나, 미안해 하지 않는 야릇한 표정의 여인이 나타난다. 누구와도 정서적 교감을 피했던 이강도는 자신을 보호하는 유일한 방식이라는 듯 엄마를 사칭한 그녀를 냉소적으로 대한다. 이미 개봉관에서는 막을 내린 터, 이 정도의 스포일러가 허용된다면, 여인은 자신의 아들이 이강도에게 살해당한 원한을 품었다.

여기에서부터 감독의 요리 솜씨는 어둡지만 예리한 빛을 발한다. '스크린이 감독의 펜(pen)'이라면, 감독 특유의 필체는 관객의 예상을 전복시키려는 듯 뜻밖의 구도로 진행된다. 여인은 복수의 방법으로 이강도의 가족이 되어 그가 보는 앞에서 죽는 방법을 택한다. 엄마에 대한 애착과 연민이 기적처럼 자리 잡을 무렵이었으니, 이강도 인간이었으므로 속죄를 위해 스스로를 벌하지 않을 수 없었다. 감독이 서술한 복수와 속죄의 서사는 잔인하리만치 직설적이었다. 앙드레 바쟁은 '모호한 현실을 영화에 반영했을 때 모호한 답을 관객이 찾아야 한다.'고 했던가. 나는 감독이 제출한 난해한 문제를 앞에 두고 적절한 답을 찾지 못했다.

김 감독의 말하기 방식은 워낙 특이해서인지 대중과는 거리가 있다. 그의 영화를 볼 때마다 느낀 점은 '집'에 대한 남다른 시선이다. 〈피에타〉에서 이강도의 집은 식욕을 충족시키기 위해 닭을 도살하거나 성적 욕구를 홀로 발산시키는 가림막일 뿐 흔히 생각하는 안온한 휴식처의 의미는 없었다. 그가 자신의 영화에서 설정한 '집'이라는 공간의 메타포는 늘 불안하고 위태로웠다. 그의 주인공들은 여인숙에 머물거나, 한강 다리 아래의 천막, 군용 버스, 바다 위의 고립된 섬 등에서 살아간다. 〈빈집〉과 〈봄 여름 가을, 그리고 겨울〉에서는 보기 드물게 번듯한 건축물로서의 집이 등장하지만 불안함을 표출하는 장소에 불과했다.

혹자는 그를 '여성혐오주의자'라고 한다. 사실 그는 많은 영화에서 남성이 부조리의 근원이며 여성은 피해자임을 강조했다. 여성을 구속하는 남성들의 속성을 적나라하게 드러냈음에도 아이러니하게도 외면 받곤 했다. 그 이유는 끔찍함을 포장하지 않은 극단적인 기법 때문이리라. 악취를 향수로 가릴 수 없듯이 삶의 남루함과 극한 현실을 아름다운 영상으로 화장할 수 있으랴.

이미지에 비중을 두는 이들에게 그의 영화는 불편할 수 있다. 그의 관객으로 스크린 앞에 앉았다면 이미지의 이면裏面을 의심하는 절차가 필요하다. 그가 숨겨놓은 진실을 찾아내는 것이 바로 관객의 몫이기 때문이다. 인간에 대한 이해가 담긴 불친절한 그의 화면에는 아름다움의 재현과 달콤한 사랑 놀음, 감탄사를 삼킬 섬세한 미장센은 없다. 비정한 관계의 자화상으로 독특한 세계를 구축한 그의 예술가적 자의식에 포커스를 맞추게 하는 것이 그의 영화의 매력이다.

그는 〈피에타〉의 경우처럼 잊어버릴 만하면 토픽 뉴스를 터트리곤 했다. 내로라 하는 국제 영화제에서 조명을 받을 때마다, 국내 평단의 비판과 홀대는 그의 저학력과 초년의 고생담에만 집중했다. 그가 관객 몰이에 성공한 영화들의 상영관 독식을 비난하면, 세인들은 그를 향해 '영화제용 감독의 열등감 폭발'이라고 응수했다. 이에 감독은 '나는 열등감이 키운 괴물'이라고 했는데, 자의식은 열등감의 다른 모습인 경우가 많다.

열등감에 찼던 그의 인생이 근래에는 제도적 교육에 대한 도전과 입지전적인 예화로 회자된다. 이탈리아에서는 해외 영화제 수상 기록만 30회가 넘는 그를 다룬 평전과 분석서 세 권이 있을 정도로, 그의 영향을 받은 영화인들이 많다고 한다. 이단아와 반항의 아이콘 이었던 그는 어느덧 친사회적 액션을 구사하는 멋진 중년으로 세월을 입고 있다.

어느덧 2012년도 저물어간다. '갈 데까지 간' 싸이에게 유튜브가 없었거나, 김기덕에게 베니스 영화제가 없었더라면 올해의 문화계는 왠지 허전했으리라. 번듯한 졸업장도 없이 거리의 화가로 파리를 떠돌 았던 젊은 시절을 지나 50대의 중년이 된 그는 말한다. "영화제가 자신을 발견해 주지 않았다면 단지 흥행에 실패한 영화감독이었을 텐데, 영화를 설명할 기회를 주었고 한국에서 어떤 성과도 내지 못한 자신을 구원해 주었다."고….

어스름한 새벽을 헤치며 낡은 트럭이 긴 도로를 느리게 달리고 있었다. 〈피에타, Pieta〉의 마지막 장면이 사라진 후에도 나는 한참을 자리에서 일어서지 못했다. 관객이 퇴장한 후 초록 불빛의 비상구를 향해 느리게 걸음을 옮기며 독백을 삼켰다 '피에타*, 피에타….' 삶의 비상구가 없었던 이들의 잔영은 쉽사리 사라지지 않았다.

---

* 피에타: 이탈리아어로 '자비를 베푸소서.'라는 뜻.

폭염 속의 질주
― 2013년을 묻다 ― 영화 〈설국열차〉

    7월의 끝자락, 유난히 무덥던 날이었다. 〈설국열차(snow piercer)〉'는 제목만으로도 나를 끌어당겼다. 포스터 전면을 차지한 송강호의 무거운 표정과 '닫힌 문을 열고 싶다.'는 문구도 호기심을 부추겼다. 나는 서둘러 탑승했다. 예고편이 끝나자 열차는 출발했다.

    걷잡을 수 없는 온난화로 지구는 위기를 맞았다. 각국 정상은 문제 해결을 위해 'CW-7'을 살포하기로 했다. 생소한 물질이 평균 기온만 적절히 떨어뜨렸으면 좋으련만, 대량 투하로 만물이 꽁꽁 얼어버렸다. 과도한 욕심이 부른 재앙으로 인해 지구에는 '아기 공룡 둘리' 시대에 이은 빙하기가 시작되었다.

    생존자들을 태운 기차 한 대가 쉬지 않고 달렸다. 엔진이 토해내는 무시무시한 기계음은 고성능 스피커를 통해 극장 안을 장악했다. 꼬리칸에는 무임승차한 이들이 정체불명의 단백질 블록으로 연명하며 밑바닥 생활을 했다. 그뿐 아니라 열차의 2인자 '메이슨' 총리의 가당치 않은 훈계도 들어야 했다. 그녀는 '신발은 발에 신겨야지 머리에 쓸 수 없다.'며 꼬리칸 사람들을 질책하고 리더에 대한 경배를 강요했다. 현대판 노아의 방주에 그들을 태운 것은 계급사회 구축과 불완전한 열차의 한계를 은폐하기 위해서였다.

반면 앞 칸은 선택받은 이들의 구역이었다. 차내라는 것이 믿어지지 않을 환상적인 수족관과 화원 등이 봉준호 감독다운 미장센으로 환상적인 세계를 펼쳤다. 그러나 현재라는 틀에 갇힌 채 호화판 생활을 하는 앞 칸의 승객들에게도 불균형한 상황에 대한 인간적인 고뇌는 있었던지 마약과 술에 찌들어 파티를 벌이기도 했다.

분노한 꼬리칸 사람들은 폭동을 일으켰다. 영화의 주된 스토리는 열차의 심장인 엔진칸을 점령하기 위한 혁명이었다. '커티스'가 이끄는 꼬리칸의 승객을 따라 카메라도 앞 칸으로 이동했다. 권력과 혁명은 불가분의 관계였으나, 혁명이 아닐지라도 전복될 위기는 가까이에 있었다. 열차는 질주하는 것만으로도 위태로워 보였기 때문이다.

감독은 십 년 전 홍대 앞 만화가게에서 프랑스 원작인 〈설국열차〉를 단숨에 읽었다고 한다. 그동안 그의 내면에서는 뱀처럼 꿈틀거리는 기차가 세상의 모든 짐을 진 채 달리고 멈추기를 반복했으리라. 영화는 후반부로 갈수록 정의감만으로 가득찬 화면이 무거워 보였다. 때문에 감독 특유의 위트와 여유가 그리웠다. 그러나 연쇄살인의 참혹함 〈살인의 추억〉과, 한강에 등장시킨 괴물〈괴물〉, 모성애로 홀로 미쳐가는 엄마〈마더〉에 이은 확장된 그의 작품세계는 결코 속도를 늦추지 않은 것이 분명했다. 그가 내세운 상상 속의 열차는 균형 유지를 위해서 누군가가 목숨을 바치거나 평생을 노예로 살아야 하는 모순이 가득한 사회의 은유였다.

  돌이켜 보니 그는 관객에게 친절한 감독은 아니었다. 멈추어 있어도 생존이 가능했을 텐데 막대한 에너지를 소비하면서 굳이 달려야 했는지에 대해서는 설명하지 않았다. 그렇다고 차내의 시스템에 대한 개연성에 얽매이지 않은 그의 상상력에 딴죽을 걸 생각은 없었다. 나의 상상력으로 채우면 되었으니까. 빙하기의 마지막 생존 지역은 아이러니하게도 열차 밖, 흰곰이 어슬렁거리는 세상이었다. 우화와 판타지적 요소까지 가미한 그의 예술적 자유 실현을 누가 막을 것인가.

  현실이라는 낱말과 절친한 어휘는 괴리와 모순, 부조리 등이다. 이론은 실제와 상이하며 이성과 감성이 균형을 유지하기는 어려운 일이다. 지배자에게는 계급의 위계가 지켜지는 것이 질서요 행복일 수 있지만, 모순으로 가득한 사회에는 누군가가 희생과 부당함이 공존하는 경우도 많다. 백화점의 명품관 순례자와 노숙자들이 추위를 견디는 콘크리트 바닥과의 거리는 열차 칸의 거리보다 멀지 않다. 안위에 빠진 앞 칸 사람들은 무감각하게 자본주의를 떠받들고 있는 우리의 자화상이 아닐까.

영화가 끝나고 광장으로 나오니 습하고 더운 바람이 기다리고 있었다. 마침 신도림역을 통과하는 KTX 열차가 지축을 흔들며 달려들었다. 레일 옆에 줄맞추어 선 측백나무를 뒤덮은 환삼덩굴이 바람결에 나풀거렸다. 나름대로 열차를 전송하는 방법일까. 환상 속의 빙하기에서 스크린을 뚫고 나와 폭염의 오후로 되돌아오는 열차였다. 스크린의 잔영이 남아서인지 〈설국열차〉의 질주는 계속되고 있었다.

직선의 비좁은 열차만이 달릴 수 있는 레일에는 우회로가 없었다. 태백의 오르막을 숨 가쁘게 달려와 후진하며 호흡을 고르던 무궁화 열차의 '스위치백(switch back)' 구간도 존재하지 않았다. 인간의 질주가 속도를 늦추지 않은 한 열차는 멈추지 못하리라. 멈출 수 없는 관성이 지배하는 열차, 욕망에 갇힌 승객들은 내려야 할 순간을 잡지 못한다. 우리가 탄 열차는 과연 멈출 수 있을까?

광화문 그 사내
- 2014년을 묻는다 - 영화 〈명량〉

2014년 최고의 문화상품이 영화 〈명량〉이라는 점에 이의를 제기하기는 어렵겠다. 지난 10월 초까지 1,760만 명을 넘어선 관람객은 한국영화 시장의 규모를 짐작게 하는 유의미한 기록이다. 개봉과 동시에 이어진 신기록 행진은, 영화에 무관심했던 사람들도 극장으로 불러들였다. 영화의 명대사들은 유행어가 되었고, 내가 속한 어느 소모임에서는 좌석을 '일자진'으로 배치할 지 '학익진'으로 놓을 지를 의논하며 웃은 적도 있다. 〈명량〉은 이렇듯 한 시절의 트렌드였다.

영화의 배경은 1597년(선조 30년). 임진왜란이 발발한 지 6년이 지난 조선은 혼란 상태였다. 파죽지세로 북상하는 왜군에게 위기를 느낀

선조는 누명으로 파직 당했던 이순신 장군(최민식 扮)을 삼도수군통제사로 재임명한다. 벼슬이 주어졌다 하여 달리질 것은 없었다. 고문으로 피폐해진 그를 기다리는 것은 겁에 질린 장수와 공포심에 가득 찬 백성들이었다. 마지막 보루였던 거북선마저 불타버렸으니 허울 좋은 통제사였다. 뛰어난 지략가인 왜장 구루지마(유승룡 扮)가 수장으로 나선다는 소식에, 군사들의 두려움은 극에 달했다. 고단한 노장의 고뇌가 스크린을 가득 채웠다.

300척이 넘는 왜선은 압도적 열세를 실감하라는 듯 끝없이 모여들었다. 역사적 사실이 아니었다면 누구도 승리를 예측할 수 없는 일이었다. 관객들은 불가항력적인 상황의 반전에 통쾌함을 느끼고, 장군의 인간적인 면모와 카리스마에 반했다. 회오리에 빠져 곤욕을 치르는 대장선을 백성들이 힘을 합쳐 구해내는 장면에서는 단체관람 학생처럼 박수를 보냈다. 승리의 기쁨에 앞선 엔딩 장면의 독백은 "이 쌓인 원한들을 어찌할꼬."였다. 희생된 사람들을 먼저 걱정했던 장군의 한 마디에 가슴이 울컥했다.

감독은 〈난중일기〉, 〈칼의 노래〉 등을 텍스트로 했을 뿐 아니라 드라마나 영화로 제작된 이순신 장군 관련 작품도 참고했다고 한다. 〈명량〉을 보며 극도의 절제된 문체가 인상적인 〈칼의 노래〉가 떠올랐다. 편집자에 의해 〈칼의 노래〉가 되었지만 소설가 김훈이 제안한 원제목은 〈광화문 그 사내〉였다.

광화문을 등지고 세종로를 지켜보는 늠름한 사나이, 옆면으로는 줄지은 거북선이 돋을새김으로 새겨져 있다. 영화의 인기에 힘입어서인지 그곳을 배경으로 사진을 찍는 이들도 많다. 억지로 조성한 광장은 몽골의 후예인 양 게르 형태의 천막에게 내준 지 오래다. 자신이 속한 단체의 권익을 추구하는 이들이 목청껏 노래를 부른다. 구호를 외치고 함성을 토한다.

몇 발자국 옮기면 지나칠 수 없는 아픔에 이른다. 노란 리본이 갈바람에 흩날린다. 200일이 지난 지금껏 풀리지 않은 진상규명의 의혹과 유족의 슬픔에 동참하는 이들이 마음을 모으고 있다. 길 건너에는 한 남성이 "세월호의 유족은 종북과 연대한 불온 세력"이라며 외친다. 그 소리는 확성기를 통해 퍼진다. 동화면세점 앞에는 어버이연합 어르신들이 플라스틱 의자에 앉아 집회인지 시위인지 구분이 어려운 분위기로 앉아 있다. 장군은 그저 모든 것을 묵묵히 지켜본다.

혹자들은 해전을 승리로 이끈 것은 회오리였다고 말한다. 그러나 장군은 자신을 구해준 천행은 백성이라고 했다. "장수된 자의 의리는 충을 좇아야 하고 충은 백성을 향해야 한다."며 리더의 심중이 어디를 향해야 하는지를 놓치지 않았다. 기적 같은 흥행에도 불구하고 영화 자체만으로는 허술한 대목이 많은 것도 사실이다. 빈약한 서사구조나 적장의 죽음이 비장미로 희화화 되는 바람에 웃는 관객도 있었다. 민족주의 자장을 벗어난 권역에서라면 기대하기 어려운 호응이라는 견해도 일리가 있다.

그렇다고 〈명량〉을 평가절하할 생각은 없다. 세월호 참극으로 온

국민이 수렁에서 원망만을 키워가던 때, 두 계절 넉넉히 우리를 견디게 하지 않았던가. 리더의 부재를 공감했던 한 시절, 갈등과 단절이 팽배한 사회에 화합과 통합의 아이콘으로 떠오르면서 동질감을 묶어주는데 영화가 기여한 공로는 지대하다. 우리에게 그런 위로를 안겨준 것의 실체는 영화 〈명량〉이 아닌 '광화문 그 사내'였으리라. 거기에 치른 비용이라야 조조 5,000원, 평상시에는 9,000원이었으니 그만한 비용으로 국민의 1/3이 공감하고 위로 받았다면 능히 문화훈장감이다. 우린 지금도 임진왜란을 견딘 백성들처럼 21세기의 포성砲聲 없는 난亂을 저마다 견디는 것이 아닐까.

일부 정치인들은 요직에서 밀려났다가 다시 한 자리 얻고자 할 때 백의종군하겠다고 말한다. 그러나 그들에게 '필생즉사必死則生 필사즉생必生則死'의 소신을 펼치던 그 사내는 없다. 광화문 그 사내는 그런 말을 남발하는 후대의 정치인들을 어떤 마음으로 바라볼까.

광화문에 노을이 번진다. 과묵한 그 사내의 심정을 대변하듯 교보문고에 걸린 현수막에서 황인숙 님의 시가 펄럭인다.

'어느 날 나무는 말이 없고
생각에 잠기기 시작한다.'

이렇게 또 한 해가 저문다.

제5부
망자(亡者)로 사는 것의 어려움

온천결의溫泉決意는 간데없고

"황산에 오른 후에는 다른 산을 볼 필요가 없다."던가. 1600년대 명나라 지리학자 '서하객'의 말이었으니 자국의 자연에 대한 지나친 찬사려니 짐작했다. 막상 가보니 유네스코 세계문화유산으로 지정될 만한 명산이었다. 중국 황산黃山 등반을 위해 5만 개가 넘는다는 돌계단을 세 시간 남짓 오르고 나니 관절에게 지나친 결례를 한 것만 같았다. 당초 일정에는 없었던 온천을 찾았다. 초저녁의 '취온천醉溫泉'은 한적했다. 얼굴은 차갑고 몸은 따뜻했으니 드라이아이스를 뿜어내듯 입김이 솔솔 퍼졌다. 레몬탕, 우유탕, 커피탕…. 기억나지 않는 여러 개의 탕을 순회했다. 노천 온천은 가히 취할 만한 온천이었다.

"열심히 일한 당신 떠나라!"던 식상한 문구조차 내 것이 되고 나니 신선했다. 이런저런 일에 묶여있던 스스로를 위로하고 싶었다. 온천욕으로 온몸이 이완되니 평소 머리를 짓누르던 근심거리는 더운 물에 희석되어 흔적이 모호했다. 그것들의 정체는 수용성이었을까. 심신이 아득해지니 두고 온 세상도 그다지 커 보이지 않았다. 사해에 몸을 담근 것처럼 부유하자 정신도 덩달아 새털이 되었다. 그 순간은 내가 그곳에 있다는 사실만으로 충만했다. 일행은 서로에게 '이만한 여유는 누려도 좋다.'며 '도원결의'에 버금갈 만한 '온천결의'로 의기투합했다. 가족과 일상에 치여 뒷전이었던 나만의 시간들을 보상받고 싶었으리라. 여행의 즐거움이 풍광을 주유하는 것만은 아닐 터, 순간을 최선으로 만들기 위한 마음가짐이라면 모든 여행은 특별하지 않을까. 낯선 곳의 밤은 그렇게 깊어갔다.

  마지막 날 공항 가는 길에 쇼핑센터를 들렀다. 황산의 특산품이라는 '대나무 섬유' 제품 판매장이었다. 패키지 여행의 함정인 충동구매에 영혼을 팔지 않으리라고 마음먹었다. 그러나 대나무 섬유의 효능을 설명하는 직원의 말대로라면 그것을 사용하지 않고 지금껏 잘 살아온 것이 이상할 정도였다. 홍보할 테면 해보라는 초반의 기세는 어디로 갔을까. 점차 판매원의 말에 동의하는 듯한 이상기류가 감지되었다. 그는 일행이 중장년이었음을 간과했음인지, 전립선과 요실금 예방에 그만이라는 속옷을 집중 홍보했다. 납득하기 어려웠으나 그의 입담으로 보아 일행은 구매할 품목을 이미 작성하고 있음이 분명했다.

  설명이 지루할 때쯤 대나무 섬유로 만든 생활용품이 즐비한 판매장으로 안내되었다. 일행은 소소한 생필품 등을 골랐으나, 판매원은 그 정도로는 어림없다는 표정이었다. 급기야 양팔을 크게 벌려 냇가에 그물을 드리우듯 우리를 한 곳으로 몰았다. 우린 가두리 양식장에 걸려든 물고기처럼 전립선 예방 남성속옷 코너에서 집중 관리되었다. 의도적으로 눈길을 마주치지 않던 여인들이 비싼 가격에 구매를 망설이자 수순대로 흥정이 시작되었다. 판매와 구매의 고수끼리의 치열한 접전 후 쌍방에서 만족할만한 거래가 이루어졌다. 어느덧 우린 이번 여행의 목적이 남편의 전립선염 예방이기라도 한 것처럼 너나없이 두세 개씩 골랐다.

그는 덩달아 가격이 절반도 안 된다는 요실금 예방 팬티를 적극 권했다. 섬유의 효능 여부를 떠나 일행은 머잖아 다가올지 모르는 자신의 요실금에는 무관심해 보였다. 결국 밀고 당기는 흥정 끝에 몇 사람만이 구매했다. 전립선과 요실금의 소리 없는 첨예한 대결 구도는 전립선의 승으로 대단원의 막을 내렸다.

모처럼 휴식을 갖자고 떠나왔으나 마음은 어느새 두고 온 '가족'에게 속속 귀환하고 있었다. 가족이란 구성 자체가 모순에서 출발하는 소집단이다. 가족 구성의 초창기 필요조건인 사랑은, 대부분 통조림과 엇비슷한 유통기한이 적용된다. 가족은 서로에게 힘이 되면서도 한편 짐이 되는 의무만을 강요한다. 특히 여성들에겐 무급의 자원봉사를 무기한 원한다. 가정이라는 시스템은 어차피 주부가 건강한 몸으로 명예롭게 만기 출소하기는 애매한 조직이다. 이러한 불공평한 감정

노동의 공동체에서 '개인'은 전존재로 인정받을 기회를 반납하곤 한다. 따라서 시간이 흐를수록 서로에게 부담의 대상이 되기도 한다. 오죽했으면 일본의 영화감독 '기타노 다케시'는 어느 인터뷰에서에서 "가족이란 누가 보지 않으면 갖다 버리고 싶은 존재"라 했겠는가. 그의 극단적인 토로에 대리만족을 느끼는 이들도 적지 않을 것이다. 이번 여행도 가족동반이었다면 그처럼 홀가분하지만은 않았으리라. 그러나 이미 학습된 보호본능은 여행 시 쇼핑에서까지 자신보다 남편을 우선순위에 두지 않았던가.

일행이 인천공항에 도착하자 그간의 결집력은 극도로 약화되었다. 짐이 나오기를 기다리는 동안 귀가 노선과 시간을 분주히 확인하며 일상 복귀를 실감했다. 짐을 찾기가 무섭게 작별 인사도 얼버무리고 리무진 정류장을 향해 빛의 속도로 사라졌다. 일행의 귀갓길에는 합당한 해체 절차를 거치지 못했던 '온천결의'의 잔재가 석연치 않은 앙금으로 남아있으리라. 그녀들은 도착하자마자 남편에게 전리품처럼 선물을 보란듯이 내놓겠지. 이번 여행의 후일담은 황산의 절경도 취온천의 황홀함도 아닌 전립선 예방 팬티가 아니었을까.

어젯밤만 해도 맹세하지 않았던가. 가족도 중요하지만 자신을 위한 휴식과 투자도 필요하다며 얼굴에 홍조까지 띠었다. 저들이 '스스로에게 가끔은 선물을 주며 살자.'던 '온천결의'를 나눈 자들이었단 말인가.

바다의 언어

　'크로아티아' 제2의 도시 '스플리트'를 뒤로하고 '자다르(Zadar)'를 향했다. 한때 이탈리아의 영토였던 그곳은 중세 상업 문화의 중심 도시답게 로마네스크 양식의 유적이 즐비했다. 이어지는 성벽이 과거의 영광을 기억한다는 듯 버티고 있었다. 이틀 전 '크로아티아'에 도착하면서부터 '자다르'에 대한 기대에 들떠 있었다.

　해안선을 따라 걷자 왼편으로 지중해가 펼쳐졌다. 아드리아 해안이었다. 오후 여섯 시였으나 열정을 주체하지 못한 태양은 황금빛 비늘로 뒤척거렸다. 일렁이는 수면은 낯선 곳에 대한 기대와 설렘을 부추겼다. 이런 나의 마음을 알고 있다는 듯 태양은 선뜻 노을을 불러오지 않았다. 해안을 서성거렸다.

그곳은 과거에 빈번히 배가 드나들었던 주요 기항지였다. 배들의 규모가 점점 커지자 수심이 낮던 '자다르'는 중요 항구도시에서 밀려났다. 과거의 영광을 되찾기 위한 시도가 '바다오르간(Sea Organ)'이다. '니콜라 바시츠'가 2015년 해안에 설치한 작품은 산책로를 따라 직경이 다른 파이프 35개를 수직으로 세운 것이 전부다. 원리는 간단해 보이지만 그곳을 드나드는 파도가 토해내는 소리는 제각각이리라. 어떤 소리가 날지 궁금했다.

해변과 나란히 놓인 산책로에 앉아 몸을 낮추고 파이프의 구멍에 손을 대보았다. 손바닥이 간지러울 정도의 진동이 느껴졌다. 파도의 들숨과 날숨이 합세하여 빚어낸 파이프의 공명음이었다. 바다는 무슨 말인가를 속삭였으나 감각으로 느낄 뿐 해독은 불가했다. "뿌우우, 슈웅, 피이~."라고밖에는 표기할 수 없는 소리들도 들리기 시작했다. 마치 돌고래 울음소리인 양 단순하면서 기묘한 음색이 퍼졌다. 파도가 밀려오자 굵고 부드러운 저음의 음색도 따라왔다.

이번 여행의 목적이 바다의 언어를 듣기 위함인 듯 바다에서 한 발 물러앉은 피아노 건반 모양의 긴 의자에 앉았다. 해조음의 여운을 음미하기에 좋은 장소였다. 이곳을 명소로 알린 이는 '알프레드 히치콕' 감독이다. 그는 '자다르'를 세상에서 가장 아름다운 일몰을 가진 도시로 소개했다. 이곳이 그의 단골 쉼터였다는 사실이 알려지자 유명세를 타기 시작했다. 그도 이 어디쯤에 앉아 노을을 바라보며 영화 〈새〉를 구상했을까. 인간 내면의 잠재된 공포를 어떤 방식으로 화면에 담는 것이 좋을까 고민했으리라. 인간이야말로 새장에 갇힌 새가 아닐까 하는 아이러니에 사로잡히게 했던 영화의 섬뜩한 장면이 오버랩되었다. 마을을 점령한 커다란 검은 새의 무리가 아드리아 해안을 덮치는 환영에 사로잡혔다.

 한풀 꺾인 태양의 열기를 느끼며 느리게 걸었다. 바다의 잔잔한 속삭거림을 가까이 들은 것은 처음이었다. 태풍이 거센 날이면 바다오르간은 안간힘으로 절규하리라. 바다는 본래 절실한 소리로 무언가를 호소했으나 사람들이 귀 기울이지 않았다. 사람들은 자신이 듣고 싶은 바다의 소리만을 적었다. 그리움을 잊기 위해, 위로받기 위해 온 사람은 저마다 자신이 바라는 소리만 들었으리라.

 바다오르간이 연주한 해조음은 공명장치와 파장으로 인한 단순한 소리가 아니었다. 순간순간 결이 다른 바다의 언어였다. 저문 해를 바라보며 바다의 언어를 해독하지 못한 아쉬움을 달랬다. 내일도 모레도 누군가의 마음 기슭에 닿지 않은 음을 토해낼 것이다.

 차가 속도를 내기 시작하자 차창을 물들이던 노을도 빠르게 따라왔다. 숙소였던 '보스니야'의 해변에는 바다를 끼고 앉은 중턱의 주황색 지붕이 즐비했다. 그곳에 매달린 낮은 첨탑에서는 이른 아침이면 '댕가앙 댕가앙' 종소리가 퍼졌다. 모닝콜보다 먼저 나를 깨웠던 종소리는 잠든 영혼과 육신을 깨울 목적이 있었다.

 우주에 존재하는 만물은 저마다의 기능을 가진 언어와 소리가 있다. 플랫폼의 기적은 열차의 출발과 도착을 상기시키고, 전화벨은 상대방을 찾는 목적이 있다. 인간이 알아듣지 못할 뿐 동물들도 종족만의 소리로 소통한다.

  사람도 저마다 목적을 가진 소리를 낸다. 발화된 음성은 물론 눈빛과 미소, 이미지도 그 사람의 소리다. 우리의 몸도 둔감하여 감지하지 못할 뿐 돌봄이 필요할 때 소리를 낸다. 각기 다른 심연의 공명장치는 같은 내용일지라도 장조와 단조의 미세한 울림이 있다.

  어리숙하게도 나의 음색을 헤아리지 못했다. 그동안 나는 어떤 소리를 냈을까. 일상의 해일에서 이리저리 쓸려다니다 보니 내 소리의 정체성을 잃어버리곤 한다. 내게 들리는 대로만 듣고 선입견대로 판단했던 어리석음을 깨닫지 못한 일도 많다. 언젠가는 잔잔한 새벽 바다에 나가 심연에 파이프 몇 개 드리우고 나조차 듣지 못했던 소리에 귀 기울여보리라.

'모스타르'의 북소리

 마른장마라고 했다. '마른'과 '장마'의 어울리지 않는 어휘가 기상예보에 오르내렸다. 수분 고갈은 날씨뿐 아니었다. 내 마음에도 언제부턴지 비가 내리지 않았다. 영화나 드라마의 애잔한 장면도 무덤덤했다. 실화를 바탕으로 한 다큐멘터리의 감동적인 장면에서조차 모종의 연출이 있었을 거라 생각하면 동요되지 않았다. 기꺼이 맞장구를 칠 만한 일에도 "아, 그래요."가 리액션의 전부였다.
 동유럽의 '발칸 4개국' 연수일이 다가왔다. 다른 때 같으면 여행지 관련 정보를 검색해 보거나 환전과 준비물을 챙기며 분주했을 기간이었다. 하루 전이었는데도 가방은 비어있었고 설렘도 채워지지 않은 상태였다.

목적지까지는 직항 노선이 없었기에 '도하' 공항에서 환승 후 '보스니아'의 '모스타르'로 갔다. 5세기 오스만국 전초기지로 건설되었다는 도시는 한 폭의 잔잔한 풍경화로 남아있었다.

강변에서 바라본 동네 풍광이 아련한 세계로 인도했다. 높이 솟은 모스크와 성당의 첨탑, 유럽 건축 양식 특유의 지붕들이 아치형의 하얀 돌다리와 어울려 평화로워 보였다. 환상적인 여러 장의 그림엽서가 펼쳐졌다. '네르트바' 강의 양편에 이슬람교도와 그리스정교회인들이 단절된 채 살았으나 다리가 놓이면서 그들의 이질적인 문화를 이어주는 연결 고리 역할을 했으나, 다리를 사이에 둔 분쟁이 끊이지 않았다.

'모스타르' 다리를 걸었다. 1993년 보스니아 내전 시 파괴되었으나 근래에 유네스코 국제과학위원회의 기부로 간신히 복원되었다. 바닥에 깔린 도화지만 한 대리석은 무수한 사람들이 밟고 다닌 흔적으로 미끄러웠다. 상앗빛 바닥을 맨발로 걷고 싶어 운동화를 벗어 들었다. 온종일 태양열에 달구어진 돌의 온기가 발끝에 느껴졌다. 오래전의 시간과 접신하기 좋은 온도였다. 어느 가게 앞에 세워놓은 내전 표지석에는 "DON'T FORGET 93(잊지 말자 93년을)"의 글귀가 선명했다. 이국의 정취에 사로잡혔던 들뜬 마음이 역사적 아픔에 잠시 주춤해졌다.

다리를 건너자 길은 울퉁불퉁한 조약돌이 깔려 빠르게 걸을 수 없었다. 공예품을 파는 상점들과 카페 등이 오밀조밀하게 모여 있었다. 총탄 자국이 그대로 남아있는 벽면에 흰 레이스가 걸려 있었다. 원색이 인상적인 그릇과 장신구 등을 판매하는 상인들은 분주해 보였다.

되돌아가는 길이었다. 다리 위에서 이상한 기류가 느껴졌다. 양팔을 벌리며 흰 천을 온몸에 두른 사람들이 한데 모여 웅얼거리는 주문이 빠르게 내려앉은 석양에 번지기 시작했다.

그들 중 한 여인이 다가왔다. 바람결에 흩날리는 회색의 긴 머리는 백마의 갈기를 연상시켰다. 퀭하게 파인 눈자위는 자신들에게 쏠린 내 마음을 꿰뚫은 것만 같았다. 서늘한 뜨거움이 있다면 바로 그녀의 눈동자였다. 무언가에 홀려 무장해제된 내 마음을 알아챈 초로의 남자가 덩달아 북을 두드리며 다가왔다. 북소리에는 부드러운 강렬함이 담겨있었다.

"두그둥… 둥둥."

남자는 공명을 최대한 음미하려는 듯 북 채로 표면을 어루만지며 여리게 두드렸다. 북면에 느린 동그라미가 번졌다. 북채를 휘두르지 않았으나 소리의 여운은 길었다. 절제된 듯 사방으로 퍼져나가던 진동은 나에게로 수렴되었다.

나는 그들의 눈빛과 북소리에서 헤어나지 못했다. 심금을 울리는 북소리의 저음에 귀가 아닌 몸이 먼저 반응했다. 모세혈관까지 침투한 그 소리에 전면 무장해체를 선언했다. 투항이었다. 맹목적 교리를 앞세운 공동생활을 하는지도 모를 그들이 이끌면 따라갈 것 같았.

평소의 나는 돌다리를 두드리다가 건널 시기를 놓치곤 했다. 깊이를 알 수 없는 강물에는 발목조차 적시지 않는 대신 강물을 망연히 바라보는 편이었다.

　하잘것없는 자투리로 모자이크된 '나'의 존재는 형체도 없이 산화되었다. 감지할 수 없는 마법에 이끌린, 아무것도 아닌 나야말로 존재의 실체였다. 신비함과 아련함에 젖어든 피리 소리를 따라가 사라져버린 동화의 주인공이 되었다. 지금까지의 나는 없어도 좋았다. 이국의 밤, 주문과 북소리를 앞세워 다가온 정체불명의 무리에게 영혼을 팔아넘긴 나는 비로소 자유로웠다. 예측할 수 없는 감동의 소용돌이에 휘말려 그들만의 세계로 들어간다 해도 속수무책이었다. 마음에 소나기가 내린 것은 그때였다.

　현실로 돌아가야 한다는 당위성과 중독된 미지의 이끌림이 힘겨루기를 했다. 그들의 주술에서 풀려나기 위해서는 심연을 파고드는 눈빛과 북소리를 피해야만 했다. 갈등 속에서 헤맬 때 나를 발견한 일행이 갈 길을 재촉했다. 서둘러 걸었다. 미지의 정령이 나를 주도했던 순간이 지나가고 갈 길이 바쁜 여행자로 되돌아왔다.

　차창 밖으로 멀어지는 '모스타르'를 바라보았다. 저잣거리의 네온과는 달리 절제된 빛으로 다리를 비추는 가로등은 오래 기억되리라. 차는 환상을 털어버리라는 듯 '두브로브니크'를 향해 속도를 높였다. 차안에서도 비몽사몽에서 헤어 나오지 못했다. 오랜만에 감당하지 못할 심연의 빗줄기에 젖을 수 있음이 다행이었다. 다시 눈물이 찾아온다면 그날의 북소리 때문이리라.

특가 이벤트

나흘간의 여행이 끝났다. 한겨울이었으나 황산黃山의 영상 기온에 젖어있던 터라, 서울의 싸늘한 바람마저 상쾌했다. 나의 생체 배터리 충전율은 100%에 가까웠다.

집에 도착했다. 가족들의 환영을 내심 기대하며 현관문을 호기롭게 열어젖혔다. 순간 바깥 기온보다 더한 냉기류가 감지되었다.

남편은 소파에 앉아 턱에 냉찜질을 하고 있었다. 딸이 난감한 표정을 지으며 말했다.

"족발 때문에 아빠 앞니가 부러지셨어요."

사태의 책임을 족발에 넘기고 아빠의 과실을 덮으려는 기특한 의도였다. 그러나 족발은 무죄였다. 그는 휴일 응급 진료를 받아서인지 유난히 예민해 보였다. 내게 눈길을 주지 않고 필요 이상으로 큰 눈만 껌벅이고 있었다. 나의 측은지심을 자극하기 위한 나름의 전략으로 보였다. 삐져나오는 웃음을 간신히 참았다.

여행 전에 몇 가지 반찬을 준비했으나 그는 마트에서 구입해도 된다며 마땅찮아 했다. 직접 시장을 본 모양이었다. 앞니 훼손이 내 탓은 아니었으나, 원인 제공에서 자유로울 수 없는 처지였다. 엄밀히 따지자면 그가 자초한 일이니 쌍방과실도 아니었다.

이번 3박 4일의 중국 황산 여행은 '특가 이벤트'라고 했다. 그도 그럴 것이 삼십만 원에서 천 원이 빠진 금액이었으니 항공요금에도 못 미쳤다. 유류할증료와 비자 발급 비용을 감안해도 예상 외였다. 여행 경비에 매력을 느낀 벗들이 해병대 전우 수준의 단결력으로 뭉쳤다.

연휴인데도 비행기에는 빈 좌석이 많았다. 항공권이 남아 특가였던 모양이다. 일정표를 보고 있던 내게 오십대의 남자가 궁금한 게 있다며 옆자리로 옮겨 앉았다. 일행과 골프 여행을 가는데 남은 시간에 갈 만한 여행지가 있는지 일정표를 보여주면 참고하겠단다. 이어서 경비를 물었다. 나의 대답에 도저히 믿을 수 없다며 고개를 가로저었다. 그의 '도리도리'는 몇 차례 반복되었다. 그는 여행사가 황금 노선의 티켓 확보 시 저가로 배당받은 표일 거라고 단정지었다. 그의 친절한 추측은 스스로를 위로하기 위한 처방이었으리라.

그것으로 만족도는 급상승했는데, 온천에서 만난 다른 팀의 여인들은 즐거움에 날개를 달아주었다. 비슷한 일정에 무려 세 배의 비용을 지불했단다. 그녀에게도 남은 여행을 즐길 권리가 있는 터, 나는 고개만 끄덕였을 뿐 아군의 비용을 누설하지는 않았다. 그것을 계기로 일행의 결집력은 더욱 견고해졌다. 무엇을 해도 기대 이상일 거라며, 분위기는 활기에 넘쳤다.

그런 여행의 짐을 풀기도 전에 이백만 원에 육박하는 임플란트 비용 발생이라니…. '호사다마'라 하기에도 적절한 상황이 아니었다. 당장 월요일에 중요한 외부 회의도 있다는데 개그맨도 아닌 사람이 앞니가 빠진 채로 출근하자니 난감했으리라.

부러진 이의 수습은 경제적, 시간적, 심적 부담이 적지 않았다. 그 과정에서 나타난 그의 엄살은 양심이 발달된 내 몫이어서 여행의 즐거움을 상쇄하고도 남았다. 손익 정산 결과 본전을 밑돌았다. 4일이었기 망정이지, N선생처럼 4주간의 남미 여행이라도 다녀왔다면 어금니까지 잡았으리라. '특가 이벤트'는 특별한 비용의 초과 지불로 그렇게 막을 내렸다.

사람들은 '특特'이라는 단어를 좋아한다. 무표정한 어휘 앞에도 그것이 버티고 서면 화색이 돈다. 선착순 특별할인이라면 너나없이 줄을 서고, 특별메뉴는 물론 입학마저도 '특례'니 '특차'를 선호한다. 자신이 받을 대우에도 앞머리에 '특별'이 붙기를 원한다. 일부 선량選良들이 여의도에 연연하는 이유도, 길들여진 특권 수혜 때문이 아닐까.

나 역시 그것을 무척 좋아하지만 내 몫이 아니었다. 나의 역사에는 요행이니 기적이니 하는 어휘들이 등장했던 경우가 거의 없었다. 90% 당첨을 내세운 송년 모임의 흔한 행운권 추첨에도 나의 쪽지는 '꽝'이었다. 대형마트의 '선착순 특가'가 진행되는 시간은 언제나 근무 중이다. 내가 구하는 것들은 정상 비용 또는 그 이상의 대가를 지불하고서야 내 것이 되었다. 그래서 더욱 눈길이 가는 것일까.

생각해 보면 '특별'은 특별하지 않다. 백화점 VIP룸을 드나드는 소비자는 보통 사람보다 소비 실적이 월등한 우수회원이다. 그렇다면 이미 비용을 지불했으니 마땅한 대우일 뿐, 특별한 것은 아니다. 기업은 충성스러운 고객에게 특별대우를 해주는 것보다, 그들이 특별한 대우를 받고 있다는 사실을 느끼도록 하는 데 초점을 맞춘다. 그런 대우를 제공할 때는 고객이 반드시 인지하도록 하고 소비자는 자신의 존재 가치를 인정받았다고 생각한다. 공짜 없다는 자본주의 사회에서 '특별'이라는 어휘가 따라붙는 처우는 마음이 깃들기보다는 소비 실적을 전제로 매겨지거늘….

'특가'의 정체를 파고드니 현혹될 일이 아니었다. '그건 어떤 형태로든 값을 지불하게 되니 결코 특별한 것이 아니야.' 그런 생각과는 달리 내 눈은 일간지 광고의 타이틀에 번개표 LED 전구처럼 발광한다.

"황금 연휴 – 해외여행 특가, 선착순 마감!"

가마우지의 밥벌이

 중국 광시(廣西) 성 자치구인 계림(桂林)은 12월 중순에도 기온이 10도 내외였다. 연일 영하를 기록했던 서울의 날씨와 비교하니 겨울철 여행으로 제격이었다. 불교와 문화의 중심지답게 도시 전체가 유적지로 보이는 사찰이나 탑 등이 눈에 띄었다. 도로변의 가로수는 계수나무 숲(桂林)에서 유래한 지명에서 연상할 수 있듯이 계수나무가 즐비했다.
 '계림의 산수는 천하제일'이라는 식상한 말을 들을 때마다 중국인의 과장된 찬사려니 생각했다. 계림의 명물은 역시 특이한 봉우리였다. 무심한 듯 유장하게 들어앉은 봉우리는 앞을 다투며 겹겹이 앉아 있었다. 몇 발자국 떨어져 홀연히 자리 잡은 것들도 있었다. 침식된 석회질 평원에 대단할 것도 없다는 듯 들어앉은 봉우리는 무심하게 행인들을 바라보곤 했다. 헤아릴 수 없는 봉우리는 삼만육천 개가 넘는다니 굳이 개수를 따져서 무엇하랴. 계림은 중국 미술과 시가詩歌의 소재가 되었으며 인민폐 20위안에 이곳 특유의 산세가 등장할 정도다. 어느 곳을 바라보아도 자연이 그린 환상적인 수묵화가 펼쳐졌다.

주유소나 은행, 음식점은 물론 작은 상점들도 저마다 크고 작은 봉우리 하나씩을 나눠받고 병풍인 양 배경으로 삼았다. 눈앞에 보면서도 믿을 수 없었던 장관은 이곳이 수억 년 전 바다였음을 상기시켰으나 내가 알고 있는 지질학 상식을 총동원해도 쉽사리 연상되지는 않았다. 어느 곳을 바라보아도 쉽사리 만날 수 있는 절경이 변함없는 것은 건축물의 고도 제한 덕분이었다.

순간 전북 진안의 마이산과 제주도 서남쪽의 산방산山房山이 떠올랐다. 그도 그럴 것이 일행들은 우리나라에 저런 봉우리 열 개만 있어도 좋겠다는 푸념을 늘어놓았다. 용머리 해안과 연결되어 아름다운 경관과 상징적 지형으로 된 종 모양의 산방산의 봉우리 한 점은 어쩌다가 기특하게도 그곳에 자리 잡았을까. 안덕면 사계리沙溪里 해안을 걸을 때면 해안도로 옆 풀밭에서 석양을 바라보며 바람결에 갈기를 흩날리던 말들의 실루엣과 아련히 보이던 산방산은 단 하나라서 더욱 귀했다. 제아무리 숫자가 많다 한들 내 것이 아닌 것에 마음을 두어 무엇하리. 계림에 도착하자마자 탄식을 연발했던 절경은 며칠 간 질리도록 보고 나니 평범해 보이기까지 했다.

저녁을 마치고 양강사호 야경을 보기 위해 유람선 선착장으로 향했다. 선착장에서는 야외 공연이 한창이었다. 젊은 가수는 이강을 바라보며 기타 반주에 맞추어 귀에 익은 우리 가요를 불렀다. 〈내 나이가 어때서〉 가락이 이강에 퍼지자 흥을 주체하지 못한 초로의 여인들이 음악에 맞추어 춤을 추었다. 나이 무관한 여행에서 만난 뱃놀이의 시작이었다.

유람선은 지붕조차 유리여서 하늘이 한눈에 들어왔다. 오후에 산책했던 우산공원은 불빛을 더하니 색다른 모습으로 다가왔다. 흰색 아치형 다리는 붉고 노란 조명으로 환상적인 자태다. 유람선이 통과하는 몇 개의 다리는 기이한 종유석의 형상과 동굴 벽면의 모형을 재연했다. 물 위의 누각에서는 소수민족들이 특이한 음색의 노래와 악기 연주로 그들만의 전통 공연을 펼쳤다. 심지어 유람선 내부에서도 친숙한 중국 음악을 즉석에서 연주했다. 뱃전에 부서지는 물소리와 조명을 따라 수면에 만들곤 하는 긴 그림자를 바라보며 그곳 특유의 밤의 정취에 고즈넉하게 취해 보리라던 생각은 보기 좋게 빗나갔다. 관람객에게는 휘황찬란한 불빛 아래 펼쳐지는 색다른 체험이겠지만 그들에게는 일상이자 생활의 터전이리라. 거대 규모의 천혜의 경관을 관광상품화한 탁월한 상술이었다.

밤의 뱃놀이가 그다지 새로울 것 없는 볼거리로 여겨질 무렵 길고 좁은 뗏목이 수면 위로 다가왔다. 대기하고 있던 가마우지 고기잡이

배였다. 유람선이 바로 옆에서 잠시 멈추었다. 삼각뿔 모양의 대나무 모자를 쓴 어부가 중국인 특유의 높고 예리한 목소리로 크게 외쳤다. 반복되는 소리에 따라 검은 가마우지가 수면 위로 차올랐다. 녀석의 검은 몸에서는 물기가 뚝뚝 흘러내렸다. 가마우지는 물속으로 들어가자마자 다시 솟구쳤다. 녀석이 어부에게 목이 잡힌 채 하늘을 바라보면 어부는 가마우지의 부리에서 물고기를 낚아챘다. 순간 녀석이 잡은 물고기의 미끈한 배가 불빛에 반짝거렸다. 녀석은 잠수와 물고기 상납을 반복했다. 목을 묶어놓았기에 큰 물고기는 어부에게 내놓을 수밖에 없는 구조적인 착취였다. 평소 먹이를 너무 많이 주면 가마우지는 포만감에 사냥에 전념하지 못한다니 허기 속에서 물고기를 재빨리 낚을 수밖에 없다.

가마우지 낚시는 중국의 전통적인 낚시법이다. 계림에서 발원해 양삭까지 이어지는 100㎞ 길이의 이강은 현재까지 가마우지 낚시를 만날 수 있는 곳이다. 어부 소유의 가마우지는 물고기 사냥을 하고, 어부는 물고기를 얻는다. 요즘에야 어구가 좋아 이런 방법으로 조업하는 경우는 점차 사라지고 있다.

녀석들의 부당한 노동 착취에 대해서는 익히 알고 있었다. TV의 기행 프로그램에서 가마우지를 이용한 낚시법을 무형문화재격으로 격상시켜 전통의 방식이 점차 사라지는 것에 대한 아쉬움을 전하는 훈훈한 멘트로 마무리했던 화면이 떠올랐다. 그들의 이렇듯 심야의 뱃놀이에까지 동원되리라고는 예상치 못했다. 녀석에게 물밑에서

저 멀리 도망가 어부의 손아귀에서 사라지라고 귀띔해주고 싶었다.

그러나 녀석들은 매인 몸이었다. 자칭 만물의 영장이라는 인간으로부터 근로계약 한 줄 듣지 못했으나 그들을 암묵적으로 종속시킨 것은 가족이었다. 가마우지가 조업을 하는 동안 두 마리의 다른 가마우지가 뗏목에서 녀석의 물질을 맥없이 바라보고 있었다. 녀석을 붙잡는 것은 뗏목에 얌전히 앉아 녀석을 기다리는 식솔이었으니, 처자를 뗏목에 앉혀놓고 녀석이 할 수 있는 일이란 반복되는 고기잡이와 그것을 토해 어부를 배불리는 일이었다. 어부와 가마우지 세 마리가 한 팀이었다.

이쯤 되면 가마우지는 단순한 새가 아니었다. 비록 넥타이를 매거나 인파를 헤치고 출근을 하지 않았을 뿐 급여와 다를 바 없는 먹이라는 보상을 위해 자신의 노동력을 제공했다. 생각이 거기에 미치자 야간근로로 물고기를 토해내는 가마우지를 보며 흐뭇하게 웃는 어부의 웃음이 하등 동물을 착취하는 고용주의 표정으로 보였다. 가마우지가 새라 하여 밥벌이의 고된 일상을 피해갈 수는 없었다.

예전에는 고기 잘 잡는 가마우지 한 마리면 소 한 마리 가치로 집안을 먹여 살렸다. 두 마리만 있어도 자녀교육까지 해결했으며, 세 마리는 부자 소리를 듣게 했다니 가마우지는 소중한 재산이었다.

문득 간밤에 보았던 '몽환이강쇼'가 떠올랐다. 꿈속에서나 볼 수 있다는 환상적인 명칭답게 중국의 전통 서커스와 서양식 발레가 조화를 이룬 공연이었다. 훈련된 동작과 화려한 조명, 음악으로 계림의 자연과 문화를 완벽히 표현해낸다는 찬사를 받을 만했다. 녹색의 조명 아래 열 살 남짓한 여아아이가 공중에서 내려온 줄에 몸을 의지해 허공에 큰 원을 그렸다. 줄을 잡고 있던 남자아이가 순간을 놓치지 않고 허공으로 날았다. 한 팔로 여자아이를 잡고 공중을 날다가 다시 한몸을 이루는 상상을 초월하는 곡예였다. 날렵한 체격의 열 명 남짓한 소년들이 벌이는 인간 탑 쌓기에서 한 명이 발을 헛디뎌 휘청거리는 순간 객석에서 손에 땀을 쥐었다. 안전장치도 없는 상태에서 0.1초라도 서로의 동작이 엇갈리면 예측할 수 없는 사고로 이어질 수 있었다.

꺼림칙한 점은 발레 공연이 아닌 서커스에 동원된 아이들이 대부분 부모에게 버려진 아이들이라고 했다. 중국은 얼마 전까지만 해도 과도한 인구증가 억제를 위한 산아제한 정책을 실시했다. 부유층은 벌금을 내면서도 출산했으나 빈곤층은 강제 입양이나 고아원에 보내야 했다. 곡예하는 아이들은 자신의 의지와는 무관하게 혹독한 훈련으로 서커스 무대에 서는 경우가 많았다. 중국이 개혁과 개방으로 물질적으로 풍요로운 시대를 구가했으나 제도의 부작용은 자녀를 떳떳하게 양육하지 못하는 비극을 초래했다. 그들만의 전통 기예 전수와 공연 문화로 여길 수 있으나 수없는 반복과 연습으로 이루어진 곡예는 가슴을 아리게 했다.

비약이 지나쳤을까. 가마우지 역시 인간의 이득을 위한 동물학대인 부당한 노동 착취였다. 서커스 공연도 산아제한 정책의 희생양인 어린이들을 곡예사로 훈련시켜 기획자와 관련 사업가들을 배불리는 것은 아닐까.

　이강을 호위하며 끝없이 이어지는 기암과 야경의 흥취를 더해주던 유람선이 강물을 가르며 선착장을 향했다. 가마우지가 식솔을 거느리기 위한 밥벌이를 하던 수면에 현란한 조명이 일렁거렸다. 계림의 밤은 그렇게 깊어갔다.

황산黃山의 시지프스

 중국 제일이라는 황산黃山에 올랐다. 케이블카 차창의 풍경에 감탄사 몇 번 토하고 나니 '서해 대협곡' 부근에 도착했다. 케이블카는 더 이상 오르지 않았다. 목적지인 '광명정'은 해발 1,860m로, 거기서부터 만 개가 넘는 계단을 올랐다. 천 원에 구입한 나무지팡이는 유용했다.
 그곳에는 사연이 담긴 바위도 많았다. 하늘에서 날아와 꽂힌 듯한 '비래석飛來石'은 만지면 복을 받는다 하여 나도 슬쩍 쓰다듬었다. 붓 모양의 '문필봉'에 이어 다섯 손가락 형상의 바위도 만났다. 독특한 바위와 소나무가 어우러진 설경은 진경산수전이 열리는 갤러리였다. 황산이 없다면 신선이 내려올 곳이 없다던가. 가히 유네스코 자연유산에 등재될 만했다.

정상의 호텔에서 점심을 먹고 하산을 시작했다. 포식한 후여서 걸음걸이가 무거웠다. 그때 어디선가 외마디소리가 들렸다. 땀에 젖은 짐꾼이었다. 좁은 산길을 오르며 자신의 진로를 확보해 달라는 외침이었다. 먼저 소리에 놀라고, 짐의 크기에 놀랐다. 나는 큰 잘못이라도 저지른 양 재빨리 한켠에 비켜섰다. 어깨에 맨 막대 끝에 매달린 짐이 보폭에 따라 출렁거렸다. 가까스로 균형을 유지한 양팔저울에는 호텔의 세탁물과 식재료 등이 매달려 있었다. 올라갈 때의 잘 개켜진 수건이, 하산 시에는 빨랫감으로 변해 있었다. 정상은 물이 귀해 아래에서 빨래를 해오는 것이었다. 그들은 한둘이 아니었다.

호텔은 로비와 화장실 등도 청결해 고산지대이라는 사실이 실감나지 않았다. 경비를 지불했으니 부대시설 이용은 당연한 일이겠지만 화장실에서 무심코 내린 물조차도 과다한 소비였다. 여행객의 편의를 위해 낭비되는 물자를 떠올리자니, 짐꾼을 바라보는 마음이 편치만은 않았다. 그의 어깨에는 가족의 생계가 달려있을 터, 고용 유지를 위해서 그 일이나마 유지되어야 하리라.

신화 속의 시지프스는 신의 명령에 불복한 죄로 굴러 내린 바위를 반복해서 정상에 밀어 올리는 벌을 받았다. 바위는 아래로 구를 수밖에 없었기에 형벌은 그가 희망 없는 상태에서 받아들였던 부조리한 현실이었다. 실존적인 명제를 운운할 여유조차 없을 짐꾼도, 측량할 수 없는 부담으로 삶을 그렇게 견디는 것이리라. 그는 황산의 시지프스였다.

일주일쯤 지났을까. 짧았던 방학이 끝났고 여행의 여운도 일상의 지리멸렬함으로 인해 점차 희미해졌다. 발걸음이 분주해진 퇴근길, 지하철 창문에 비친 내 모습을 보았다. 반복되는 일과를 마무리하는 저녁, 유리창에 비친 내 모습은 삶에 지친 짐꾼과 다르지 않았다. 나야말로 죄목조차 알지 못한 채 등짐을 지고 오르내리기를 되풀이하며, 또 하루를 견디는 중이었다.

나의 이니스프리, 장흥

일상이 안겨준 묵직한 스트레스는 바람결에 흩어지지 않았다. 햇빛에도 바래지 않은 그것들의 견고한 앙금을 걷어내고 싶었다. 여행 가방을 꾸렸다.

세 시간 반의 비행으로 중국 성도成都에 도착했다. 성도에서 차마고도 자락과 나란히 놓인 도로를 6시간 남짓 달리니 구채구九寨溝였.

동티벳 지역의 구채구가 세상의 관심을 받게 된 것은 그리 오래된 일이 아니다. 산을 헤매던 벌목공이 의외의 비경에 발을 디딘 것이 1975년의 일이다. 그것을 계기로 계곡에 살던 아홉 개 마을의 장족들은 비로소 구채구 밖의 사람들을 처음 만났다던가. 그 후 구채구는 국립공원이 되고, 원주민인 장족은 '중국 인민'이 되었다. 그들은 신령스런

산수山水를 중국에 내어준 대가로 궁핍한 삶을 면하게 되었다.

　황룡黃龍은 이초 이번 여행 코스에는 없었다. 그러나 이곳까지 와서 황룡을 지나친다면 두고두고 후회하리라는 일행의 부추김에 마음을 바꾸었다. 하루 더 머물러 해발 3,700m의 황룡까지 가게 되었다. 그곳은 가히 중국이 자랑하는 세계자연유산이라 할 만했다. 울창한 산림으로 덮인 협곡은 끝없이 이어졌다. 보슬비 속에서 수려한 경관을 따라 걷는 길은 오를수록 숨이 가빴으나 정경의 아름다움은 더해갔다. 배낭 속의 과자봉지며 커피믹스 등은 포장이 터질 듯 빵빵하게 부풀어 올랐다. 기압의 차이를 직접 확인하며 고산 증세의 두려움을 실감했다. 평소의 산행에 비해 두 배는 힘들었다. 포기할 수 없는 행복한 고행의 연속이었다.

　지칠 만큼 지쳤을 때 옥빛 연못이 눈길을 사로잡았다. 황룡에서 으뜸가는 절경인 오채지五彩池였다. 계단식 밭처럼 완만한 경사지에 석회암 연못이 다양한 푸른빛을 발했다. 터키 파묵칼레를 연상시키는 계단식 연못에는 하늘색 물감을 타 놓은 듯 청명한 옥빛이 베이지색 그릇에서 찰랑거렸다. 하늘에서 보면 누런 용이 산을 오르는 모습이어서 황룡이란 지명을 얻었단다. 대자연의 신비로움에 그저 감탄할 뿐이라는 식상한 표현도 그 순간만큼은 적절하다는 생각이 들었다. 달리 할 말을 찾는 대신 풍경에서 눈을 떼지 못했다.

　그러나 고산 증세는 생각보다 견디기 힘들었다. 호흡이 여의치 않아 산소 캔의 신세를 지곤 했다. 문득 내 고향 한들 벌판을 가로지르던 상큼한 공기가 떠올랐다. 탐진강변을 거닐 때면 내 곁을 무심하게 배회하던 바람결도 그리웠다. 수많은 호수를 뒤로하고 숙소로 오는 길에 나는 이미 탐진강변을 거닐고 있었다. 고향의 풍광은 이름난 관광 명소는 아닐지라도 내게는 질량이 다른 이끌림으로 무릉도원과 바꿀 이유가 없는 곳이다. 바람결에 폐부를 파고들던 신선함은 저자 거리에서는 느낄 수 없는, 내 몸이 체감하는 고향의 기억이었다.

시간은 흐르고 기억은 한 켜 한 켜 견고하게 쌓인다. 상처나 슬픔조차도 세월의 빛에 바래면 소중하게 느껴진다. 다시 돌아오지 않을 고향에서의 추억은 잃어버린 시간을 채우고, 생의 근원에 대한 동경을 일깨우곤 한다. 일상의 번잡함으로 발길이 닿을 수 없을 때면 마음이 먼저 도착한다. 칠거리 로타리를 돌아 동교 다리를 서성인다. 사는 일이 아득하게 느껴질 때면, 마음을 다독이며 나는 이미 그곳에 있다.

내 기억 속의 '삐비정'은 급경사였다. 고향집 바로 뒷동네였으나 어린 내가 쉽사리 접근하기엔 어렵게만 여겨졌다. 어른이 되어 보트장 가는 길목에 그곳을 지날 때 보니 아스라했던 급경사는 야트막한 언덕에 지나지 않았다. 초입의 정자도 무척이나 아담해 보였다. 하교 때 책가방을 머리에 이고 치마를 단단히 붙들고 건너던 탐진강은 유속이 빠르지도 깊지도 않았다. 성인이 되어 찾은 고향은 누군가가 축소 기능을 작동해 줄여놓은 게 분명했다.

그 시절의 탐진강은 이제 '물 축제'의 고장답게 맑은 물이 찰랑댄다. 강변 풍경도 어느 곳에 내놓아도 손색이 없을 명소가 되었다. 이맘때면

'장흥 물축제'로 소읍이 잔치 분위기로 들썩이리라. 언젠가는 그곳으로 돌아가야 할 것만 같은 곳이다.

> 나 이제 일어나 가리, 밤이나 낮이나
> 호숫가의 잔물결 소리 듣고 있느니.
> 한길이나 잿빛 포도鋪道에 서 있으면
> 가슴 깊은 곳에서 그 소리 듣네.
> – 윌리엄 예이츠(William Butler Yeats)의 〈이니스프리의 호도湖島〉 중에서

런던의 예이츠를 지탱했던 힘은 고향 아일랜드에 대한 그리움이었다. 서양의 귀거래사歸去來辭는 젊은 청년의 향수 속에서 머무르지 않았다. 유년 시절 아버지와 함께 지낸 적이 있는 고향의 작은 섬 이니스프리는 세계인들이 더불어 꿈꾸는 이상향으로 거듭났다.

나를 키운 것은 고향의 강과 바람이었다. 강은 수많은 생명체를 키우고 묵묵히 흐른다. 그렇다고 생색을 내는 법도 없다. 흐르고 흘러 바다를 만나 합일의 경지에 이르기까지 끝내 자신을 주장하지 않는다.

티벳의 고산 증세에 시달렸던 며칠 간 뇌리 속을 떠나지 않았던 나의 이상향, 힘의 근원, 나의 이니스프리, 장흥.

호텔 열전

출발일이 다가왔다. 가족과 지인들은 나의 여행지가 테러 위험국이라며 걱정했다. 당연했다. 여행이 위험을 무릅쓰고 다녀올 일인가. 그럼에도 불구하고 유럽과 아시아가 혼재한 신비의 도시 '이스탄불'에 대한 기대와 설렘은 수그러들지 않았다. 시간을 잊고 푸른 하늘을 지붕 삼은 에베소 유적지와 지중해변 안탈랴의 골목을 느리게 걷고 싶었다. 흑해에서 지중해로 이어지는 보스포러스 해협의 유람선을 바라보며 피에르롯티 언덕에서 차 한 잔을 마셔야지 했다. 가파도키아의 열기구에서 바라보는 일출도 포기할 수 없었다.

이스탄불 '아타튀르크' 공항에 도착한 시간은 새벽 두 시였다. 기내에서도 열두 시간 남짓 비몽사몽이었기에 눈을 비비며 버스에 올랐다.

공항에서 40여 분을 달려 도착한 숙소는 생각보다 좁았다. 싱글 침대 사이는 골목을 연상케 했다. 4성급이라지만 방안의 비품들 사이에 여행 보따리를 풀어놓기에 여의치 않았다. 대리석이 많은 나라답게 탁자도 대리석이어서 그것들의 위치를 옮기려 해도 꿈쩍 하지 않았다. 장시간 비행의 고단함으로 인해 그럭저럭 잠자리에 들었다.

이튿날 염려는 사실로 바뀌었다. 객실 문을 밀자 냉기가 덮쳤다. 종일 난방이 되지 않은 듯 복도가 도리어 따뜻했다. 알려준 대로 온도 조절기를 가동했으나 밤이 깊어갈수록 찬바람만 나왔고, 결국 심야에 방을 바꾸기까지 했다.

이후의 숙소도 변화무쌍했다. 다음 날은 가파도키아의 동굴 극장에서 밸리댄스를 관람한 후 늦게야 숙소에 들었다. 방안은 터키 특유의 향이 심했다. 5일째는 깨끗한 침구가 인상적이었으나 눕는 순간 이불의 중압감으로 숨이 막힐 것 같았다. 이어서 소인국에나 어울릴 법한 좁은 침대로 불편을 겪기도 했다. 마지막 날은 세계적인 유명호텔이라 걱정하지 않았다. H호텔에는 총체적인 쾌적함이 기다리고 있었다. 넓은 객실과 은은한 부분조명으로 실내는 아늑했다. 커튼을 젖히면 건너편의 창밖의 네온이 화려했다. 하루만 묵고 떠나야 하는 것이 아쉬웠다. 반면 그곳이 마지막 밤인 것이 다행이었다. 만일 순서가 바뀌었다면 H호텔과 다른 숙소 비교를 일삼았으리라.

그날은 술탄 아흐메트 광장 인근 유적지를 온종일 누볐기에 샤워부터 시작했다. 온수는 거침없이 나왔으나 배수구가 시원찮았다. 물이

제때 빠지지 않아 바닥에 점차 물이 고였다. 샤워부스보다 높은 화장실 바닥과 세면대 아래까지 물이 번졌다. 큰 수건을 바닥에 깔고 간신히 수습했으나 바닥이 미끄러울까 신경이 쓰였다. 서둘러 샤워를 마치는 수밖에 없었다. 믿었던 이에게 배신당한 느낌이라면 지나친 표현일까.

모든 것을 통달하니 마지막 날이었다. 어떤 숙소도 감당할 만한 내공이 다져졌을 때 여행은 끝났다. 호텔 등급은 그들만의 분류 기준이었을까. 방과 침대가 작았는가 하면 심하게 추웠고 이불이 무거웠다. 거북한 향이 심했으며 욕실 배수가 제대로 되지 않았다. 여러 가지 불편함과 문제점을 안겨준 이번 여행의 숙소는 가히 호텔 열전을 방불케 했다.

모든 게 좋을 순 없는 모양이다. 옷이나 가방 등을 구입할 때면 색상이나 디자인, 소재 중 한두 가지는 마음에 들지 않은 경우가 많다. 자신의 뜻대로 살아지지 않는 삶도 예외가 아니며, 타인이 선망하는 이들도 그늘 한 자락쯤은 감추고 있기 마련이다. 상처 없는 영혼이 없기에 위로나 희망도 존재하리라. 나 역시 여러 면에서 상대방의 마음에 드는 사람이 아닐 것이며, 만나는 사람의 마음이 내 뜻 같을 수 없다.

시간을 전제로 한 가정법이 무슨 의미가 있으랴만, 여름이었다면 추위 걱정은 없었으리라. 며칠 후 출발했더라면 이전 투숙객의 요청으로 샤워 부스는 수리가 되었을 터였다. 무엇보다 귀국 후 1주일

만에 접한 테러 소식은 무심히 넘길 수 없었다. 그런 일정이 아니었다면 성소피아 성당을 나와 오벨리스크 앞에서 셔터를 누르던 순간 폭탄 테러의 피해자가 되었을 수도 있었다.

모든 것은 생각하기 나름, 숙소 문제만 아니었다면 나쁘지 않았다. 로마 시대의 원형극장과 고대도시 히에라폴리스의 웅장함, 석회암의 성城 파묵칼레를 배회하던 아련한 안개, 괴뢰메 파노라마의 특이 지형은 오래 머무르고픈 여행지였다.

'모든 게 좋을 순 없다.'는 평범한 진리는 이번 여행이 안겨준 삶의 한 줄 정리다.

바람도 경전을 읽었다

 구채구와 황룡에서 머무르던 닷새는 꿈같은 시간이었다. 틈틈이 나를 압박했던 고산증의 증세는 집요했으나, 돌이켜보니 그조차 내가 겪은 일이 아닌 듯 아득하다.
 그곳엔 가늠할 수 없는 시간이 담겨 있었다. 황룡 특유의 카르스트 지형은 1만 년 전부터 형성되었다. 천지가 요동할 지각변동으로 석회암이 용해되면서 빚어낸 웅덩이가 3,400여 개, 황룡산의 만년설이 흘러내린 옥빛 물빛은 가히 환상적이었다.
 허공에는 '타르쵸'라는 오색의 깃발이 펄럭였다. 거기에 적힌 불경도 덩달아 바람결에 너덜거렸다. 깃발은 낡았으나 글씨는 선명했다. 그것들이 바람에 휘날리면 깃발의 경전이 사바세계로 퍼져나간다고 했다. 불경을 적은 원통 '마니차'도 한번 돌리면 둥글게 말린 경전 한 권을 읽는 것과 같다던가. 바람결에 마니차가 쉴 새 없이 움직이는 광경은 흔하게 볼 수 있었다. 구채구의 어느 호수에서는 물레방아가 커다란 마니차를 돌릴 정도였다. 그 땅에서는 바람도 예사로 불경을 읽었으니, 불경을 읽는 일은 그들 평생의 업일까.

티베트 사람들의 장례 방식인 천장天葬은 충격이었다. 수장도 화장도 여의치 않은 척박한 환경이라지만 생경하고 잔혹한 장면이 연상되어 쉽사리 내 머리 속을 떠나지 않았다. 현실적인 이유도 이유려니와 그들만의 내세관에 의해 망자를 새에게 보내는 낯선 절차가 참혹하게 느껴졌다. 그렇다고 야만적이라거나 신비주의적 시선으로 바라볼 필요는 없을 것이다.

그들은 사람이 죽으면 라마승이 주관하는 장례를 지낸 후 천장이 행해지는 장소로 이동한다. 그때쯤이면 독수리들이 무리를 이루어 주변에 모여든다. 시신을 토막 내고 뼈는 가루로 빻아 보릿가루에 버무린다. 영혼의 매개체인 새가 먹기에 용이하도록 하기 위함이었다.

그들에게 하늘은 신성의 대상이다. 새에 의해 하늘로 올라간 망자의 영혼은 가난에서도 벗어나고 지옥에 가지 않는다고 믿었기에, 천장은 망자를 하늘에 가장 빨리 보낼 수 있는 의식이었다. 따라서 새를 죽이지 않을 뿐 아니라 닭이나 달걀도 먹지 않았다. 죽음을 맞은 육신은 영혼이 입던 한 벌 옷 이상의 의미가 아니었다. 사별의 아픔도 내세의 희망에 비하면 견딜 만한 일이었을까. 그들의 의식을 문화의 다양성으로 단정지어버리기엔 왠지 아쉬웠다.

　산다는 것 자체가 순례이고, 머물지 않은 바람이다. 아등바등하는 현재의 시간도 영원으로 통하는 찰나일 뿐이다. 바람과 새에 뿌려진 육신이 비로소 영원의 시간에 들어가는 것이라면 그들에게 천장은 웰다잉(Well-dying)의 전형이 아닐까.

　요즘 번화가에는 한 개의 빌딩에 성형외과 간판이 여럿 걸려있다. 성형관광이라는 말도 낯설지 않다. 화장품, 성형, 다이어트가 주류를 이루고 외모 시장의 성장 추세는 상상 이상이다. '같은 얼굴 증후군'에 걸린 듯 젊은 여성들의 얼굴이 점점 비슷해진다. 커다란 눈, 조각 같은 콧날, 볼륨 있는 입술, 필요 이상으로 갸름해진 턱, 마른 몸에 어울리지 않게 부풀려진 가슴…. 사회문화적으로 형성된 묵계 같은 것이 아름다움의 기준을 이끌어낸 것일까. 미의 전형으로 인식된 패턴으로 인해 '개성'이라는 어휘조차 사장될 위기다.

　인공 미인으로 거듭남으로써 받게 되는 보상은 꽤 많아 보인다. 좋은 직장을 가질 기회와 더 나은 상대와 결혼할 확률도 높다. 대인관계에서도 유리할 뿐 아니라 자신감이 늘고 우울증이 감소되는 긍정적인 변화를 느낀다고 한다. 그렇다 해도 같은 얼굴의 여성들이 부자연스런 웃음을 날리는, 성형 권하는 사회 분위기에 동의하기는 어렵겠다.

　그들의 죽음에 대한 나름의 애도였을까. '마니차'를 볼 때면 나도 모르게 걸음을 멈추고 노란 원통을 돌리곤 했다. 물욕 없는 삶 속에서도 그들이 평생 읽어야할 경전의 길이와 마음 수양의 깊이는 헤아릴 수 없으리라. 짧은 여행으로 현지인의 삶을 이해하는 양 호들 갑을 떨 필요가 있을까.

    그 무렵 거리의 행인을 보면 유예된 죽음을 향해 한 발 한 발 걷는 것으로 보였다. 육체가 더 이상 기능하지 못하는 죽음, 죽음이 삶의 끝이 아님을 믿는 그곳 사람들의 생각으로 본다면, 우리는 새에게 공양하기 위해 육신에 공을 들이는 것인가.

망자亡者로 사는 것의 어려움

부산에서 출발한 오션 플라워 호는 두 시간 만에 대마도 '이즈하라[嚴原町]'에 도착했다. 갈매기 서너 마리가 푸른 창공을 선회했다. 급할 것도 없다는 듯 느린 비행이었다. 모처럼 일상의 속도를 버리고자 나선 여행이었음을 녀석들도 알아차린 것일까.

섬의 중심가였으나 한적했다. 먼저 조선통신사의 흔적을 따라잡기로 했다. 단장된 수로를 따라 나란히 서있는 아치에는 화려한 행렬이 그림으로 남아있었다. 그들은 조선 최고의 학자와 문화예술인, 무인과 통역관 등을 포함한 사절이었다. 대사절단의 현란한 행렬에 섬 주민들은 감탄했다지만, 한적한 거리에서 당시의 떠들썩한 풍경을 상상하는 일은 쉽지 않았다.

그들이 머물렀다는 국분사를 찾았다. 나라시대였던 741년에 건립한 사찰은 현재 38대 주지까지 이어져 내려오고 있었다. 에도 막부는 당시 쇄국정책 하의 유일한 외교 사절이었던 통신사 일행이 먼 도쿄에까지 가지 않도록 이곳에서 맞았다. 절 마당의 우물 풍경이 특이했다. 물동이와 작은 바가지 수십 개가 정돈되어 있었다. 성묘할 때면 바가지에 물을 비석에 뿌려준다고 했다. 우리네의 벌초였다. 마침 성묘를 마치고 내려오는 여인을 만났다. 물동이를 들고 가벼운 목례와 옅은 미소를 보내며 지나쳤다. 이른 봄꽃이 개화를 다투는 시절, 망자를 만나고 내려오는 발걸음이 경쾌해 보였다.

절 뒤편의 가파른 길을 오르니 납골묘 천지였다. 무리지어 앉은 비석 중 새로 조성된 재색 대리석에 윤기가 돌았다. 반지르르한 돌에는 '○○가家'라고 돋을새김 한 글씨 배경이 금가루로 장식되어 있었다. 햇빛에 황금색으로 반짝이는 그것들은, 신축한 초고층 아파트나 타워팰리스 수준의 호화 주택이려니.

내려오는 길에 그와는 대조적인 풍경이 시선을 끌었다. 이끼가 잿빛으로 말라붙은 비석들이 잡초와 키재기를 하거나 비스듬히 누워 길옆으로 나뒹굴었다. 관리비를 체납한 후손에 의해 불성실 입주자로 밀려난 비석이었다. 어느 가문의 몰락한 후손이 조상의 유택 관리비를 내지 못해 망자는 수모를 당하고 있었다. 머잖아 어느 곳으로 내몰림을 당할는지 모를 비석은 돌무더기에 불과해서, 땅을 차지할 면목도 없다는 생각에서인지 서로 포개거나 뒤엉켜 있었다.

착잡한 심정으로 내리막을 걸었다. 길옆에는 언제부터 여물었는지 속절없는 빨간 천냥금이 열매를 주렁주렁 매달고 있었다. 이끼로 뒤덮인 납골묘의 정경은 지하역사의 노숙자들과 겹쳐졌다. 그들은 밤이 이슥해지면 하룻밤 널 곳을 마련하기 위해 골판지를 들고 모여들곤 했다. 신산한 삶에서 시름없는 사후세계를 염원하는 것은 유일한 탈출구인지도 모른다. 그러나 묘지에서도 자본주의의 속성은 결코 비켜 가지 않았으니 진정한 안식은 없는 것일까.

수의에는 호주머니가 필요 없다지만 저승 노잣돈이야말로 필수가 아닐까. 망자가 쌈짓돈을 꺼내 묘지 관리인에게 건넬 수는 없는 일, 양지바른 묘역에서 망망한 바다를 바라보며 해바라기라도 즐기려면 최소한의 입주금은 남기라는 무언의 암시일까. 노년기에는 거주하는 집을 담보로 대출을 받을 수 있는 모기지(Mortage)론에 대해 들은 적이 있다. 납골묘를 근저당 잡히고 관리비를 충당할 수는 없는 일이지만, 언젠가는 묘지론이 생겨날지도 모르는 일이다.

천리포 수목원 설립자, 고故 민병갈 박사의 삶이 떠올랐다. 1945년 미 해군 장교로 한국에 파병된 그는 수목과 결혼한 탓에 평생 독신으로 지냈다. 그는 갖은 고생 끝에 태안 천리포 일대의 민둥산을 '서해안의 푸른 보석'으로 가꾸었다. 얼마 전 찾은 수목원에는 각국의 희귀종 목련이 각각 제 시기에 걸맞게 만개하거나 스러지고 있었다. 금년에는 그의 서거 10주년을 맞아 고인이 그토록 좋아했던 목련인 '라스베리펀' 아래 영원히 안장되었다. 나무 거름으로 온전히 자신을 봉헌한 것이다.

"내가 죽으면 묘를 쓰지 말라. 묘 쓸 자리에 나무 한 그루라도 더 심으라."는 선생의 유지를 받든 것이다. 마침 수목원을 찾은 날은 분홍으로 만개한 목련이 바람결에 나풀거렸다.

국분사를 나와 '나카라이 토수이[半生桃卅] 문학관'으로 향하는 길이었으나, 천리포 수목원과 민 박사가 다시 피워낸 분홍 목련 '라스베리 펀'의 고운 모습이 지워지지 않았다. 알몸으로 왔다가 옷 한 벌은 건진 줄 알았다. 망자亡者로 사는 것의 어려움은 모른다는 듯 이즈하라의 가로수는 속절없이 푸르렀다. 망자들은 삶에서의 푸른 시간을 기억하고 있을까.

엄현옥 수필 제7집
받아쓰기

인쇄 2017년 8월 07일
발행 2017년 8월 10일

지은이 엄현옥
발행인 서정환
펴낸곳 수필과비평사
주소 서울시 종로구 삼일대로 32길 36(익선동 30-6 운현신화타워 빌딩) 305호
전화 (02) 3675-3885, (063) 275-4000 · 0484
팩스 (063) 274-3131
이메일 sina321@hanmail.net   essay321@hanmail.net
출판등록 제300-2013-133호
인쇄 · 제본 신아출판사

저작권자 ⓒ 2017, 엄현옥
이 책의 저작권은 저자에게 있습니다. 서면에 의한 저자의 허락없이 내용의 일부를
인용하거나 발췌하는 것을 금합니다.
COPYRIGHT ⓒ 2017, by Eom HyoonOk
All rights reserved including the rights of reproduction in whole or in part in any form.
저자와 협의, 인지는 생략합니다.
잘못된 책은 바꿔 드립니다.

ISBN 979-11-5933-097-1 03810
값 13,000원

> 이 도서의 국립중앙도서관 출판예정도서목록(CIP)은 서지정보유통지원시스템 홈페이지
> (http://seoji.nl.go.kr)와 국가자료공동목록시스템(http://www.nl.go.kr/kolisnet)에서
> 이용하실 수 있습니다.(CIP제어번호: CIP2017018583)

Printed in KOREA